AF202317

Anderswelt -

die verlorene Kraft der Blüten und wie sie wieder zurückkam

Johannes F. Künzler

Im Land Thielgnud herrscht die Königin der Angst in Finsternis.

Prinz Lucan, der aus dem Land der Finsternis kommt, sucht mit Hilfe eines weisen Alten nach Licht und Lebenskraft. Im weiteren Verlauf trifft er Fatima. Die beiden entdecken, dass sie füreinander bestimmt sind. Doch so einfach ist es nicht. Allerlei Schwierigkeiten sind für Lucan zu durchschreiten und mehrmals gibt er seine Hoffnung auf inneren Frieden fast auf. Dabei entdeckt er wundersame Welten.

Ein großes Mosaik von Dunkel und Licht entsteht, welche manch eigene Gedanken tief berühren…

Der Funke des Lichts in Dir wird die Dunkelheit erhellen.

Schreite nur voran.

Impressum:

© 2020, Johannes F. Künzler

Autor: Johannes F. Künzler

Umschlagsgestaltung und Bild: Uwe Geib

Verlag & Druck:

tredition GmbH, Halenreie 40-44, 22359 Hamburg

Paperback   (ISBN: 978-3-347-17184-8)
Hardcover   (ISBN: 978-3-347-17185-5)
e-Book   (ISBN: 978-3-347-17186-2)

Bibliografische Information der Deutschen Nationalbibliothek:
Die Deutsche Nationalbibliothek verzeichnet diese Publikation in der Deutschen Nationalbibliografie; detaillierte bibliografische Daten sind im Internet über http://dnb.d-nb.de abrufbar.

Inhaltsverzeichnis

Vorwort... 8

Prolog.. 9

Der Sohn des Lichts 12

Das Mädchen auf dem Hügel 19

Der Weg... 24

Das Treffen 28

Das Tor 37

Im Land der Blütenkönigin 43

Das Wiedersehen 47

Abschied 50

Zurück in Thielgnud 52

Lucans Heimatstadt... 60

Erneuter Aufbruch.. 70

Der Fluss, das Leben darauf und das Warten........ 73

Die Fährfrau 76

Wieder an Land.. 80

Die Wanderung 84

Der Hüter des Klangs 87

Die Mutter, das Kind und die Quelle...................... 90

Die Grotte im Eis der Farben 93

Wiederkehr in das Blütenland............................... 95

Es ist soweit.. 97

Epilog 99

Gedicht zum Schluss 105

Johannes F. Künzler... 107

Vorwort

Wie die Geschichte entstanden ist, kann ich gar nicht mehr sagen. Viele Begegnungen mit Menschen, Erlebnissen und Träumen haben letztendlich dazu beigetragen das Folgende entstehen zu lassen...

Johannes F.Künzler

Prolog

Die verlorene Kraft der Blüten und wie sie wieder zurückkam

In einem wundersamen Land, welches dem Paradiese glich, wuchsen die schönsten Blumen, die man je gesehen. Ihre Blütenkraft in Farbe und Duft zauberten einen jeden in himmlische Welten.

Doch eines Tages begannen die Blumen plötzlich zu welken und niemand wusste warum. Ihre Kraft schwand von Tag zu Tag, trocknete geradezu aus. Es half kein Wasser und Nichts, keine Rettung war in Sicht.

Als dann die Zeit kam, dass die ersten Blumen zu sterben anfingen und die Luft schon vom Verwesungsgeruch der heruntergefallenen Blätter geschwängert war, sprach eine unscheinbare Blume mit schwacher, ausgedorrter Stimme ihre letzten Worte:

„Hört meine Gefährtinnen mein Leben geht den Ende zu und ich kann nur noch wenige Worte sprechen, doch ist es wichtig, was ich sah:

Wir waren gewiss sehr schön in unserem strahlenden und duftenden Leben, doch was wir vergaßen, ist die

Schönste und würdigste Blume, unsere Königin aus dem Lande, von welchem wir alle stammen. Seit einiger Zeit verliert auch sie ihre Kraft, die Kraft, die uns alle speist. Wie konnten wir sie nur vergessen, die uns alle hervorgebracht und mit den schönsten Kleidern der Welt versehen hat. Doch wir wussten nichts Besseres als ständig uns selbst zu bewundern und nur noch für uns selbst schön zu sein; das machte unsere Urquelle, die Blütenkönigin, unendlich traurig.

Hört zu, für mich wird es zu spät sein, aber Ihr könnt Euch nochmals aufmachen, Eure Gedanken und Kräfte zu sammeln und diese der Königin der Blüten angedeihen lassen...“

Nach diesen Worten erlosch die Kraft der kleinen Blume.

Noch stiller als zuvor ward es im Land der Blumen, selbst die Sonne schien dunkler als gewohnt und das Wasser vermochte keinen Durst zu stillen. Langsam fingen die Blumen an über die Botschaft der kleinen Blume Rat zu halten. Dann ward es wieder still...

Die Blumen sammelten mit all ihrer Kraft, die sie noch hatten, ihre schönsten und dankbarsten Gedanken für ihre Königin, deren sie nun wieder gewahr wurden.

Alsbald machte sich ein Wind bemerkbar, den sie darum baten ihre Botschaft weiterzutragen. Sogleich brach der

Wind auf, der Königin die Botschaft der Blumen zu überbringen.

Als er nun bei der schon ganz schwachen Königin ankam und die Grüße der Blumen überbrachte, floss der Königin ein großer Fluss von Tränen die Wangen hinunter auf den Boden, der davon ganz feucht wurde. Von ihren Tränen getränkt, gab der Boden der Königin die Fruchtbarkeit wieder zurück.

Sie atmete tief und fühlte ihre Kräfte in sich erwachen. Da begannen auch die Blumen in ihrem Land wieder an zu blühen und zu gedeihen, farbenprächtiger und wohlduftender als je zuvor...

Der Sohn des Lichts

(Wie einer aufbrach das Land der Blüten kennen zu lernen)

Fernab jeglichen Lichtscheins liegt ein Land voll Wirrnis und Dunkelheit, man nennt es Thielgnud und für die Menschen dort ist Trübsal, Verzweiflung und Langeweile so gewöhnlich, wie in anderen Ländern die Blumen blühen.

Lange Zeit änderte sich dort nichts und der König des Landes, der mit der Königin Angst verheiratet ist, mochte sich auch nichts anderes vorstellen.

Doch da war sein Sohn, der ihn zu Tobsuchtsanfällen verleiten mochte. Denn es war die Zeit gekommen ihn mit einer ihm angemessenen Frau des Landes zu vermählen. Alle Frauen jedoch, die der König und seine Königin für ihren Sohn aussuchten und ihm vorstellten, was dort Sitte ist, konnten diesem nicht gefallen.

Niemand wusste des Rätsels Lösung für das sonderbare Verhalten des Königssohnes Lucan, der in sich etwas Seltsames wahrnahm, und doch niemandem erklären konnte. Woanders hätte man Sehnsucht dazu gesagt;

hier im Lande Thielgnud wusste man aber von solchen Dingen nichts.

Nur der alte Mann aus den BERGEN; den alle Leute mieden, was sie jedoch nicht all zu oft tun mussten, kam jener doch nur alle paar Jahre in ihre Stadt, wusste wohl von solchen Dingen.

Als nun Lucan hin und hergerissen zwischen Sehnsucht und Verzweiflung nicht mehr ein und aus wusste, beschloss er eines Nachts, die sich im Lande Thielgnud nicht viel vom Tage unterschied, glich der Tag doch eher der Dämmerung, dem Palast der Dunkelheit zu entfliehen und diesen alten Mann in den Bergen aufzusuchen.

Lucan war nun schon zwei Tage und drei Nächte, oder waren es zwei Nächte und drei Tage?, unterwegs und nur noch Wirrnis, Schmerz und Kälte zeichneten sein Gesicht. Niemandem war er begegnet auf seinem Weg in die Berge, lebte dort doch fast keine Menschenseele.

Schließlich ließen seine Kräfte so sehr nach, dass er sich fast in den Palast von Vater Dunkelheit und Mutter Angst zurücksehnte. In diesem Moment sah er auf einmal ein Licht in der schier unendlichen Dunkelheit. Von diesem Licht fühlte er sich so mächtig angezogen, dass er neue Kraft fand seinen Weg fortzusetzen, wollte er jetzt nur noch dieses erreichen.

Das rote Licht wurde zusehends größer, war nicht nur mehr rot sondern auch gelb und orangefarben, strebte in die Höhe und verlor sich in vielen kleinen Sprenkeln nach oben. Wilde Umrisse bekam nun die Erscheinung, von der Lucan nicht wusste, was es wohl war. Fühlte er sich auch ein wenig beklommen dort hin zu gehen, so trieb es ihn unverändert mit großer Kraft weiter, wenngleich er immer schwächer wurde.

Immer näher kam er an sein Ziel; alle sonstigen Dinge hatte er auf seinem Weg in die Berge inzwischen vergessen, und schließlich stand er davor:

Mit großen Augen und doch von Müdigkeit gezeichnet blickte er neugierig, ja fast ehrfürchtig, in die Erscheinung. Wie lange er so gestanden und geschaut hatte, wusste er nicht mehr, als er plötzlich eine Stimme vernahm: "Ich warte schon lange auf Dich, möchtest Du dich nicht zu mir setzen!?"

Erschrocken erkannte Lucan einen alten Mann neben der Erscheinung und fragte schüchtern(verwirrt) diesen: „Wer bist Du?" „Ich bin der alte Mann aus den Bergen, den Du gesucht hast." Nach einer kurzen Atempause fragte Lucan erstaunt: „Woher weißt du, dass ich Dich suche und was ist das für eine sonderbare, helle und mich in Wallung bringende Sache neben Dir?"

„Oh das ist eine lange Geschichte; ich will's erzählen, aber setz Dich zuerst einmal neben

mich, hab Vertrauen. „Dabei reichte er Lucan einen ledernen Beutel mit klarem Bergwasser und eine Schale Reis. Zögernd nahm Lucan den Lederbeutel und die Schale Reis. Als er aber einen Schluck des Wassers trank, erhellte sich alles um ihn, wie er es nie zuvor gekannt hatte, und als er eine Hand voll Reis zu sich nahm, fühlte er eine Kraft in sich, als wäre er der stärkste Mensch auf Erden. So hielt er nicht mehr inne bis er den letzten Schluck getrunken und den letzten Bissen gegessen hatte. Daraufhin er in einen tiefen Schlaf versank. Als er nach einiger Zeit wieder erwachte, saß der alte Mann noch immer neben ihm und auch die sonderbare Erscheinung war ebenfalls noch vor ihnen.

„Du hast einen langen Weg hinter Dir, aber ich hoffe du fühlst dich jetzt wieder besser und gestärkt", begrüßte ihn der alte Mann. „Ja ich weiß, deine Fragen sind noch nicht beantwortet, aber nun will ich es Dir erzählen, fuhr der Alte fort und begann:

„Vor vielen Jahren, als Du noch nicht geboren warst, war das Land Thielgnud ein weites schönes Land und mit dem heutigen Land der Blütenkönigin vereint. Damals gab es auch noch den hellen Tag in unseren Gefilden, doch war es der Königin Angst ein Dorn im Auge ihre Macht nur in einem Teil des Landes ausüben zu können und sie beschloss der Blütenkönigin die Macht über deren Teil des Landes zu entreißen, was schreckliche Folgen hatte. Die Entführung der erstgeborenen Tochter der Blütenkönigin misslang kläglich. Zu früh wurden die Absichten der Königin Angst erkannt.

Zu jener Zeit aber war auch die Königin Angst, deine Mutter, im höchsten Monat schwanger. So geschah es, dass du gerade in jenem Augenblick geboren wurdest, als deine Mutter, auf der Flucht vor ihren Verfolgern, wieder in das Reich der Dunkelheit und der Wirrnis heimkehrte. Seither wohnt Dir auch die Kraft der Blütenkönigin inne und niemand, aber auch niemand, ist imstande dir dies zu nehmen, außer du selbst!

Hör mir gut zu, dies ist der Grund deiner Unruhe und deiner Sehnsucht. Das ist der Grund Deiner Reise.

Als du da warst, verfluchte mich deine Mutter, die ich damals als Botschafter begleitete und den sie für das Misslingen ihres Planes verantwortlich machte.

Ich wurde verstoßen und als einziger Zufluchtsort blieb mir das Leben hier in der Einsamkeit und Kälte der Berge; denn auch der Zutritt in das Land der Blütenkönigin, das seither kein Thielgnuder mehr betreten darf, blieb mir verwehrt.

Letztendlich ein Segen für meine Wenigkeit, denn wenn mir auch die Weitsicht hier hoch oben in den Bergen wegen der Dunkelheit verwehrt bleibt, wurde ich von der Blütenkönigin zum Hüter des Feuers im Lande Thielgnud bestimmt.

Niemand im Lande Thielgnud würde es wagen dies Feuer zerstören zu wollen, allein die allen innewohnende Macht der Angst würde sie davon abhalten, sogar die Königin Angst selbst!

Nun, Lucan, jetzt weißt du wie man diese sonderbare Erscheinung nennt, du weißt welchen Ursprung sie hat, deren Kraft auch dir innewohnt und nach der du dich schon so lange sehnst.

Lucan, mehr kann ich dir im Moment nicht erzählen, alles Weitere wirst du selbst erfahren. ich werde dir nur den Weg dahin weisen und dich ein Stück weit begleiten. „

Als der Alte mit seiner Rede endete, nahm er einen Holzscheit aus dem Feuer und gab Lucan zu erkennen, dass es Zeit war aufzubrechen.

Lucan war noch ganz benommen, als er dem Alten Mann folgte, hatte er doch keine Zeit sich noch länger zu besinnen.

So lief er in dichtem Abstand hinter dem Alten und war immer von Neuem über seine Umgebung erstaunt. Durch den Schein des glimmenden Holzscheits in der Hand des Alten, konnte er zum ersten Mal in seinem Leben das Land unter seinen Füßen, die Steine auf dem Weg und was es sonst noch gab erkennen.

Plötzlich vernahm er die Stimme des alten Mannes in sonderbarer Weise und hielt inne, woraufhin der Alte ebenfalls kurz anhielt, sich umdrehte und sagte: „Lucan, was du vernimmst ist die Kraft meiner Stimme, die in einem jeden wohnt. im Land der Blütenkönigin nennt man es: „SINGEN", Glaub mir, wo du dieses Lied hörst, sind dir alle Wesen gut gesinnt! Aber jetzt komm, wir haben noch einen weiten und gefährlichen Weg vor uns."

Etwas merkwürdig erschien es ihm schon das „SINGEN" des Alten , doch besänftigte es seine ihm innewohnende Angst außerordentlich so, dass er sie alsbald vergessen hatte.

So gingen der Alte Mann gefolgt von Lucan diesen einsamen Pfad in den

Bergen zum Land der Blütenkönigin, genannt Tülba.

Das Mädchen auf dem Hügel

Fatima saß schon lange in diesem Feld von Bergklee auf dem höchsten Punkt des Lebenshügels, wie ihn alle Leute im Land der Blütenkönigin nannten. Von dort konnte weit über das ganze Land geschaut werden, sogar bis zu den dunklen Bergen, von denen nie ein Lichtschein ins Land kam. Fatima war immer hier zu finden, wenn sie nicht im Garten, dem wunderschönen Garten der Blütenkönigin weilte. Sie war die Tochter der Blütenkönigin selbst. So machte sich denn auch niemand Sorgen an diesem Tag um Fatima, denn sicherlich saß sie da oben auf dem Hügel.

Es war schon spät an diesem Tag, und Fatima schaute vom Hügel aus in die Welt. Seit sie sich ihrer gewahr wurde, lief sie fast jeden Tag auf den Hügel und oft blickte sie zu den dunklen Bergen.

Alle schwiegen darüber, was es mit den dunklen Bergen auf sich hatte, und der Blick aller Leute verdunkelte sich, wenn der Name des Landes hinter den dunklen Bergen fiel. So grübelte Fatima oft über dieses Geheimnisvolle nach, dort- so weit weg. Fatima war ein sehr beliebtes Mädchen und eigentlich wäre es für ihre Mutter an der

Zeit gewesen Fatima zu vermählen. Doch Fatima wollte das nicht. Ihr sehnlichster Wunsch war es vorher noch eine Reise zu machen, ja dort hin zu den dunklen Bergen. Aber das erzählte sie niemandem. Eigentlich gefiel ihr die Sonne und das Licht auch viel mehr, aber dennoch schweiften ihr Blick und ihre Gedanken immer hin zu den dunklen Bergen, besonders in letzter Zeit. Und dabei beschlich sie eine große Unruhe.

Ihre Mutter die Blütenkönigin, ließ sie aber gewähren. Wollte sie doch Fatima nicht gegen deren Willen vermählen...

So saß Fatima dort oben auf dem Hügel mit den Blick auf die dunklen Bergen gerichtet, und merkte nicht wie es langsam dämmrig wurde, was im Lande Tülba einer Art Nacht entsprach.

An diesem Abend beschloss Fatima aufzubrechen in das Land hinter den dunklen Bergen. Sie musste wissen, was sich dort verbarg! War es dort wirklich so schlimm, dass sich allen Leuten das Gesicht verfinsterte, sobald der Name des Landes Thielgnud ausgesprochen wurde? Sie wollte deshalb niemandem von ihrem Plan etwas erzählen. Sie wusste, dass sie daran gehindert werden würde...

In Gedanken versunken wurde Fatima plötzlich aufgeschreckt, als sie: „Gegrüßt sein die Blüten und das Licht, Fatima" vernahm. Vor ihr stand eine alte Frau, vor der alle Menschen im Lande Tülba Ehrfurcht haben weiß, sie doch um alle Geheimnisse des Blütenlandes und nicht zuletzt auch das was im Lande Thielgnud vor sich ging.

„Du hast mich erschreckt, alte Frau, ich war in Gedanken woanders", entfuhr es Fatima, die noch etwas benommen war.

„Ach Fatima, ich wollte dich nicht erschrecken. Doch wusste ich nicht, dass du mich nicht bemerktest, hast du mich doch die ganze Zeit meines Weges hierherauf angestarrt", meinte die alte Frau. „Oh wirklich?" fragte Fatima etwas verlegen.

„Es ist schon gut Fatima; sinnst du wieder über die dunklen Berge nach?" „Woher weißt du das, bleibt dir denn nichts verborgen, alte Frau?" „Nun es ist mir schon lange bewußt, weswegen ich dich heute auch aufsuchen möchte." „Ach, ja?"

„Du solltest dir gut überlegen, ob du ins Land Thielgnud aufbrechen möchtest. Weißt du denn nicht, was dich dort erwarten würde, Fatima?" „Nein, erzähle es mir, aber sag, woher kennst du meine Pläne?". „Nun Fatima, die Bienen, die heute den Bergklee gekostet haben, in dessen Mitte du sitzt, haben es mir erzählt.

Fatima was ich dir erzählen werde, wird sonst niemand wissen, so betrachte es als ein Geheimnis:

Vor langer Zeit, als ich noch eine junge Frau war, war es noch gut bestellt um das Leben zwischen Tülba und Thielgnud. Viele Freundschaften gab es zwischen den Menschen von hier und dort. Auch unsere Königin und der König von Thielgnud verstanden sich gut. Wäre da nicht dessen Heirat mit der Angst gewesen. Sie verändert ihn so sehr, dass er sogar seinen besten Freund, deinen Vater, in völliger Besessenheit erschlug, nur um der Macht willen. Fatima ich kann dir nicht alles erzählen, Du wirst es noch erfahren.

Zu jener Zeit war ich mit einem Mann aus Thielgnud befreundet; dort nennen sie ihn „Mann aus den Bergen". Doch wegen dieser scheußlichen Angelegenheit, wurde auch er in diese Dinge verstrickt, und durfte seither unser Land nicht mehr betreten, wie alle Thielgnuder.

Doch irgendwann, sagt uns die Vorhersehung, darf auch er wieder in unser Land kommen. Jedoch wird er den Sohn in des Lichts in unser Land mitbringen. Allein dieser Sohn des Lichts wird allen wieder Versöhnung bescheren können. Wie dies geschehen wird, weiß niemand, aber es hat den Anschein, als hättest du mit der Sache zu tun. Mehr weiß ich auch nicht, nur wollte ich dich davor bewahren so unbedacht in das Land Thielgnud aufzubrechen. Liebe Fatima, sei vorsichtig, erzähle niemandem, was du im Sinn hast. Wird dein Ansinnen entdeckt, könnte es das Ende für alle Bemühungen sein, endlich wieder Versöhnung zwischen Tülba und Thielgnud zu erwirken, auch wäre dann dort für immer die Macht der Angst und der Nacht besiegelt, und bei uns würde niemals mehr der Mond in seiner Klarheit erscheinen können. FATIMA noch etwas Wichtiges!" Die weise Alte zog einen ledernen, bestickten Beutel aus ihrer Schürzentasche und sprach: „Ich gebe dir diesen Beutel mit; öffne ihn nur in äußerster Gefahr und überlasse ihn nie fremden Händen, es sei denn er öffnet sich von selbst. Fatima du wirst wissen, was zu tun ist. Die Kraft der Blüten wird dich ständig begleiten.

Aber nun genug der Anweisungen, es ist Zeit Abschied zu nehmen. Fatima geh deines Weges, niemand kann dich aufhalten!"

Darauf legte die alte Frau noch den Samen einer Sonnenblume in die Hand Fatimas, nicht ohne ihn vorher in ihrem Mund befeuchtet zu haben, und verschwand dann in dem großen Blütenmeer unterhalb des Bergklees.

Der Weg

Lucan und der alte Mann waren schon lange unterwegs ohne Rast zu machen und Lucan ward es schon ganz schummrig vor den Augen, war er doch die Helligkeit nicht gewohnt, die der glimmende Holzscheit von sich gab. Immer neue Dinge konnte er erkennen, die er nie zuvor gesehen hatte; jedoch traute er sich nicht zu fragen, denn der alte Mann legte einen sehr schnellen Schritt vor, dass sich Lucan schon wunderte, woher dieser die Kraft und die Sicherheit bekam, so ohne Unterlass voranzugehen. Hatte der alte Mann etwa gar keine Angst? „Lucan über was sinnst du denn nach Ich weiß es ist viel Neues für dich, doch müssen wir bald einen sicheren Ort finden, bevor die Wächter des dunklen Waldes uns aufspüren, bestimmt sind sie von deiner Mutter, der Königin Angst, beauftragt dich zu suchen! Ich ahne, dass sie deinen Weg sogar besser kennt als du selbst, also komm! Wir reden später noch miteinander, es ist nicht mehr weit!"

Lucan kam es unendlich lange vor, bis sie schließlich an einer riesigen Felswand ankamen. "Nun Lucan, siehst du dort unten diesen großen Felsen? Unter diesem verbirgt sich eine kleine Höhle. Dort wollen wir rasten." „Aber wie sollen wir dorthin kommen, alter Mann? An der glatten Felswand hinunter, etwa springen? , fragte Lucan, der plötzlich ein flaues Gefühl im Magen hatte. Vor ihnen ging es so steil die Felswand hinab, dass es unmöglich erschien auch irgendwo nur einen Halt zu finden. „Lucan hab keine Angst, vertraue mir! Schau dort drüben geht ein schmaler Pfad in den Fels hinein. Ich habe ihn vor langer Zeit durch Zufall entdeckt", verschmitzt lächelte der Alte, "also nicht ganz durch Zufall. Damals auf der Flucht vor den Wächtern des Waldes, nach der geplanten Entführung der Erstgeborenen der Blütenkönigin, als mir die alte Frau aus dem Lande Tülba noch diesen geheimen Weg offenbarte, - na ja das ist eine andere Geschichte..."

„Guter Mann, wer ist diese alte Frau? " „Ach Lucan, ..."Plötzlich wurden sie von näherkommenden Hufschlägen aufgeschreckt. Der alte Mann packte Lucan an der Hand und eilte auf den Pfad zu, wobei Lucan zu Fall kam und sich die Hände blutig schlug. Der alte Mann riss ihn hoch und zerrte ihn weiter bis zum Anfang des Pfades, Lucan richtete sich wieder auf und holte neben dem alten Mann stehend tief Luft. Sein Herz bebte, seine Sinne waren benommen. Lucan nahm nicht mehr wahr, wie er zusammen mit dem Alten in die kleine Höhle unter dem großen Felsen hineingekommen war. Fatima weilte noch lange in der dämmrigen Dunkelheit von Tülba, und dachte an die Worte der Alten Frau denkend. Wie lange sie noch auf dem Hügel saß, wusste nur der Bergklee um sie herum. Plötzlich mischten sich ihre Gedanken mit Stimmen aus dem Tale. Jäh stand Fatima auf und murmelte: „Ich muss gehen! Ich muss fort." Dabei wurde ihr erst jetzt gewahr, dass man nach ihr suche. Schnell nahm sie den Beutel, den ihr die alte Frau anvertraut hatte, und schnürte ihn an ihren Gürtel. Den Sonnenblumensamen noch in ihrer Hand lief sie auf den Kamm des Hügels hinüber zu dem sich nächsten sich erhebenden Hügel, so eilte sie weiter, bis sie die große Ebene erreichte. Zwischen ihr und den dunklen Bergen des Landes Thielgnud lag nun ein Land, das sie zuvor noch nie betreten hatte, War es doch allen Menschen von Tülba untersagt dort umherzuwandern. Sie wusste von dem scheinbar unendlichen Sumpf, der irgendwann in der Ebene anfing, und erst am Beginn der dunklen Berge aufhören sollte.

Nach Fatima wurde bis zum Tagesanbruch gesucht. Dann jedoch mussten die Suchenden verzagt aufgeben. Nirgends konnten sie Fatima finden, ihre Stimmen waren nur noch ein Krächzen, so oft und unerlässlich hatten sie auf ihrer Suche nach Ihr gerufen.

Schließlich kehrten sie zum Palast der Blütenkönigin zurück, um ihr die schlechte Nachricht ihrer vergeblichen Suche zu verkünden. Mit verzweifelten Gesichtern erwarteten die Getreuen der Königin, was ihre Blütenkönigin erwidern würde.

Traurig vernahm die Blütenkönigin die Botschaft ihrer Getreuen; doch gab sie niemandem die Schuld für die erfolglose Suche nach ihrer geliebten Tochter, lediglich zu sich selber sagte sie: „Ich hätte es wissen müssen, es ist schon lange vorherbestimmt. Die Alte hat es schon damals geahnt, ach ja die Alte". Die Königin sprach, „Hört her ihr Getreuen! Lasst sofort der Alten Frau die Botschaft zu Teil werden, dass ich sie zu Beginn der Sonnenblumenblüte hier im Palast erwarte. Außerdem sollen noch zu dieser Stunde die besten und schnellsten Reiter zu den Wächtern des unendlichen Sumpfes aufbrechen, sie sollen sich bereithalten. Es droht Gefahr aus Thielgnud. Die Wächter des dunklen Waldes könnten nach Tülba eindringen! Eilt nun und verkündet diese Botschaften! "

Als die Getreuen verschwunden waren, machte sich die Königin auf zu dem weiten Meer der Sonnenblumen.

Das Treffen

Der alte Mann und Lucan standen mit bebenden Herzen in der kleinen Höhle. Nicht weit entfernt hörten sie Hufschlag von vielen Pferden und lautes Stimmengewirr, vermischt mit heftigen Zischlauten, wobei einige Wortfetzen zu ihnen drangen: „ Dort unten müssen sie sein", "Unsinn, wie sollen sie an dem steilen Felshang Halt gefunden haben", "Dann lasst uns dort drüben nachschauen! "

Lucan machte keinen Mucks, während der alte Mann sich die Hand auf den Mund presste, was Lucan aber nur undeutlich sah, weil der Alte gleichzeitig den Holzscheit unter seinem gebeugten Körper zu verdecken suchte.

Lucan war unendlich müde und konnte seine Augen beinahe nicht mehr offen halten, als ihm der alte Mann wortlos den Beutel mit Wasser reichte und dazu etwas Brot. Lucan trank gierig aus dem Beutel und biss kräftig in den schon etwas hart gewordenen Laib Brot. Irgendwie kräftigte dies ungemein, so dass er sich wieder frischer fühlte.

Der alte Mann trank ebenfalls einen Schluck Wasser und nahm sich ein Stück von dem Brot. Nachdem er ruhig gegessen hatte, gab er Lucan zu verstehen ihm zu folgen. Der Alte hätte gern den brennenden Holzscheit in der Höhle zurückgelassen, so waren sie nämlich in der Dunkelheit weithin sichtbar, doch es war unmöglich, ohne Licht, diesen geheimen Pfad weiterzugehen, ohne sich dem Risiko eines Fehltritts auszusetzen, was den Sturz in die Tiefe bedeutet hätte.

Sie mussten sich beeilen, denn bald würden sie von den Spähern des dunklen Waldes gesichtet werden, die dann den berittenen Wächtern des dunklen Waldes Bescheid sagen würden.

„Lucan, solange wir auf diesem Pfad wandeln, kann uns nichts passieren, niemand außer mir und der alten Frau weiß ihn zu beschreiten, Erst wenn wir im Tal sind, wo die dunklen Berge an den großen Sumpf angrenzen, werden wir den Wächtern des dunklen Waldes für eine kurze Zeit preisgegeben sein. Diese werden bald wissen, dass sie uns dort unten finden können; wenn wir Glück haben, werden wir aber vor ihnen dort sein, trotz ihrer Pferde".

„Auf was für eine Reise habe ich mich nur begeben?", dachte Lucan, wobei es ihm nicht gerade behaglich zumute war." Was hat das alles zu bedeuten?" Und was würde sie dort unten am Rand der Berge erwarten? Zurückgehen konnte er nicht mehr, musste er sich doch ganz und gar auf den alten Mann verlassen. Trotzdem schöpfte Lucan Mut, gab ihm das Beisammensein mit diesem merkwürdigen alten Mann trotz allem eine gewisse Art von Geborgenheit.

So schritten die Beiden den Pfad entlang, immer weiter ins Tal hinab, so schnell es ihnen das Licht des Holzscheits und ihre Kraft erlaubten.

Nach einiger Zeit verlor das Licht des Holzscheits an Kraft und Lucan fragte den alten Mann etwas ängstlich: „Merkst du denn nicht auch, dass uns das Licht des Holzscheits nicht mehr lange den Weg zeigen kann? " „Doch, ich bemerke es auch! Aber Lucan, schau dich mal um, erkennst du nicht auch ohne das glimmende Licht des Holzscheits mehr und mehr?"

Tatsächlich wurde Lucan , der die ganze Zeit nur auf den Holzscheit gestarrt hatte, gewahr, dass er nicht mehr nur in unmittelbarer Nähe etwas erkennen konnte, sondern auch mehr und mehr Dinge in der weiteren Umgebung.

„Was bedeutet das, alter Mann? " „Es ist die Dämmerung. Wir nähern uns der Gegend zwischen den dunklen Bergen und dem großen Sumpf, dem Grenzgebiet zwischen Thielgnud und Tülba, Lucan wir haben unser

Ziel bald erreicht; trotzdem müssen wir uns jetzt besonders in acht nehmen, denn vielleicht sind die berittenen Reiter des dunklen Waldes ebenfalls schon hier unten im Tal!"

Der alte Mann bohrte nun den glimmenden Holzscheit in die Erde, worauf dieser erlosch. Nur der Rauch am Ende des Holzscheits erinnerte noch an dessen Licht. „Lucan gib mir deine Hand! Komm."

Dabei ging der alte Mann schon weiter und Lucan folgte ihm stolpernd.

Fatima war den Tränen nahe, so oft war ihr schon der feste Boden unter den Füßen verlorengegangen, und sie sich dann im klebrigen Schlamm wiederfand. Nur mit Mühe gelang es ihr sich wieder daraus zu befreien. Dazu nahm die Helligkeit ständig ab und Fatima konnte nur noch schwer erkennen, was sich in ihrer Umgebung befand. Trotzdem rappelte sie sich immer wieder auf, hatte sie doch ein Ziel. Sie wollte zu den dunklen Bergen! Wie weit mochte es wohl noch sein?

Auf einmal vernahm sie einen schwachen Lichtschein wahr, jedoch musste dieser noch etwas entfernt sein.

Ohne sich sehr um Gedanken zu bemühen, schlug sie die Richtung hin zu dem Lichtschein ein. Sie war gerade in einem dichten Gestrüpp gelandet, als sie innehielt und mit großem Erstaunen die Umrisse zweier menschlicher Gestalten und einen Schein um diese herum wahrnahm. Mehr konnte sie nicht erkennen; aber allzu weit konnten sie nicht mehr entfernt sein. Aber was tat nun eine dieser Gestalten? Zu diesem Zeitpunkt erlosch die Lichtquelle

Fatima verharrte in dem Gestrüpp und beobachtete das mühsame Weiterkommen der zwei Gestalten.

Dann vernahm sie verschiedene Stimmen und Hufgetrampel. Aus welcher Richtung sie kamen vermochte sie nicht zu hören. Waren das die Hüter des unendlichen Sumpfes, die nach ihr suchten? Sollten sie Fatima kurz vor ihrem Ziel etwa finden und zurückschicken? Nun hörte sie die beiden sprechen:

„Hätte die Blütenkönigin ihrer Tochter nur nicht so viele Freiheiten gewährt, dann müssten wir jetzt nicht unser Leben in Gefahr bringen! "

„Ob wir sie finden, bevor sie die Wächter des dunklen Waldes aufgreifen werden?"

In unmittelbarer Nähe vernahm Fatima diese Worte. Oh je, sie würde bald gefunden werden! Waren diese zwei Gestalten die Wächter des dunklen Waldes?

„Dort drüben müssen sie sein, sie können uns nicht mehr entkommen! Lucan und der alte Mann, haha, dort sind sie! Ergreift sie! "

„Hinter mir die Wächter des unendlichen Sumpfes, dort drüben zwei Gestalten, und jetzt noch eine ganze Horde berittener Krieger," dachte Fatima. Das können nur die Wächter des dunklen Waldes sein! Sie werden alle aufeinander treffen. Fatima zitterte vor Aufregung und Angst. Was sollte sie tun? Sich zu erkennen geben?

Sie wurde gesucht, aber diese zwei Gestalten dort wohl auch? Fatma ahnte Übles. Jedenfalls waren diese Reiter den zwei Gestalten nicht wohlgesonnen.

Nicht mehr lange musste Fatima darüber nachsinnen, wer wohl diese beiden Gestalten waren. Es waren natürlich der alte Mann und der Sohn des Lichts. Unterwegs mit der kümmerlichen Flamme eines Holzscheits, hilflos ihren Verfolgern ausgeliefert? Was sollte sie nur tun? Nur noch wenige Meter, und die zwei würden von den Reitern eingeholt! Da erinnerte sich Fatima an das Wort der alten Frau.

Hastig schnitt sie den ledernen Beutel von ihrem Gürtel und warf ihn mit voller Kraft den beiden Gestalten zu, indem sie laut rief; "Sohn des Lichts, Lucan öffne den Beutel" Mitten im Lauf fing Lucan verdutzt den Beutel und hörte die Worte Fatimas. Schnell öffnete Lucan den Beutel, stürzte dabei auf den alten Mann und riss ihn mit sich zu Boden. All das unmittelbar vor dem Gestrüpp, indem sich Fatima versteckte. Kurz dahinter die Wächter des dunklen Waldes.

Doch was geschah nun? Die Dämmerung verwandelte sich urplötzlich in gleißendes Licht, welches die Wächter des dunklen Waldes und deren Pferde so erschreckte, dass die Pferde tobend aufsprangen, sich rückwärts sträubten und dabei ihre Reiter zu Boden warfen. Gleichzeitig erblickten die herannahenden Wächter des unendlichen Sumpfes nun ihre Gegner, wobei sie in ihre mitgebrachten Hörner bliesen, deren Klang unheimlich und laut zugleich erschallte.

Ein wildes Kampfgetümmel entfaltete sich zwischen den Wächtern des unendlichen Sumpfes und jenen des dunklen Waldes.

Der alte Mann jedoch wusste, was passiert war. Ohne Zögern zog er Lucan vom Boden hoch und schleppte ihn vollends in das Gebüsch, in dem sich Fatima verborgen hielt.

Dort angekommen wandte er sich sogleich an Fatima: „Tochter der Blütenkönigin, schnell wir müssen weiter! " Worauf sie eiligst nun zu dritt, dem Kampfplatz entschwanden.

Nach einiger Entfernung ergriff der alte Mann abermals das Wort: „ Hab Dank, Fatima. Ohne dich wären wir unseren Verfolgern nicht entronnen, hab Dank! " „Und ihr seid der alte Mann und dein Begleiter", sie stockte und wandte sich Lucan zu, "Sag, bist du der Sohn des Lichts?"

„Ja das ist er, und hat es bis heute nicht gewusst, "antwortete der alte Mann, wobei er Lucan zulächelte.

„Ich bin Lucan, Tochter der Blütenkönigin", ergriff auch Lucan das Wort, einmal mehr nicht wissend, was das alles zu bedeuten hatte. Er erinnerte sich jetzt auch wieder an die Worte des alten Mannes zu Beginn ihrer Begegnung, als dieser ihm etwas von einer ihm innewohnenden Kraft erzählt hatte...

„Fatima, Lucan, wir sind noch nicht am Ziel unserer Reise! Wir müssen die Kraft des Lichts nutzen, und da sich unsere Verfolger noch mitten im Kampfgeschehen befinden, so können wir in Bälde am „Tor der Welten" sein. Dort erst werden wir vollends am Ziel unserer Reise sein, dort wo sich Licht und Dunkelheit unmittelbar gegenüber stehen und seit langem nicht mehr zusammenkommen können."

Fortan schwieg der alte Mann; Fatima und Lucan folgten ihm ohne zu fragen, wussten sie beide jetzt, dass sie nur dies wollten und konnten. Zu dritt gingen sie nun eilenden Fußes zum „Tor der Welten"...

Das Tor

Also wandelten sie nun immer weiter in Richtung „Tor der Welten". So hoffte Lucan zumindest und vertraute dabei auf den alten Mann, wenngleich ihm das bisher Erlebte nur wenig Klarheit schenkte, eher immer mehr verwirrte. Vor ihm lief Fatima; sie also war die Tochter der Blütenkönigin! Und als er so Fatima folgte und ihre Gestalt vor sich hatte, erwärmte sich sein Herz, seine Gedanken blieben bei ihr. Dabei stolperte Lucan des Öfteren, so dass sich sein Abstand zu den Anderen vergrößerte. „Lucan, wo bist du mit deinen Gedanken? Denk an das Tor! Für alles andere wird die Zeit noch kommen! "schreckte der alte Mann ihn auf. „Ich bin sehr müde, und weiß nicht, wie das alles enden soll" erwiderte Lucan. „Hm. Gut Lucan siehst du dort drüben den alten Baum? Von da an wird es leichter werden. Wir werden das Ende des Sumpfes bald erreicht haben, harre solange aus, dort können wir eine kurze Rast machen". Lucan riss sich zusammen, verkürzte durch schnelle Schritte den Abstand zu den Zweien, und lief schweigend hinter Fatima und dem alten Mann bis sie den großen, alten Baum erreichten. Der Weg war noch weit, doch noch immer befanden sie sich im Sumpf, so dass es sehr beschwerlich und gefährlich war.

Der Nebel wurde allmählich lichter und plötzlich stand der Baum ganz klar und deutlich vor ihnen. Der alte Mann murmelte etwas vor sich hin, wie „Gesegnet seiest du Baum des Lebens, des Todes und aller Welten".

„Setzt euch zu mir. Hier herum!" Wobei der alte Mann ihnen den Weg auf die andere Seite des Baumes wies. Dort ließen sie sich nieder.

„Nehmt einen Schluck Wasser aus meinem ledernen Beutel", forderte der alte Mann Fatima und Lucan auf. Gierig tranken die beiden das Wasser. Nachdem auch der alte Mann seinen Durst gestillt hatte, begann er folgendes zu erzählen: „Heute werden wir noch das Tor der Welten erreichen. Dort treffen sich der Tag und die Nacht. Dort befindet sich auf der einen Seite das Land der Blütenkönigin und auf der anderen Seite das Land der Königin der Angst. Einst war es ein einziges Land und der Tag konnte durch das Tor in die Welt der Nacht und die Nacht in die Welt des Tages. Doch ist es schon lange her, dass dies geschehen konnte. Seit dem Tage der Trennung konnte man im Land der Blüten den Mond nicht mehr erblicken, und im Land der Dunkelheit schien die Sonne nicht mehr. Heute ist die Zeit gekommen, an dem sich Tag und Nacht wieder begegnen können. Ohne euer Zutun und Hier Sein wird dies allerdings nicht geschehen! „Wie das? ", fuhr es Fatima und Lucan zur gleichen Zeit aus dem Munde. „An dem Tage der Trennung von Tag und Nacht sagte die alte Frau aus dem Land der Blütenkönigin voraus, dass eines Tages ein junger Mann, der Sohn des Lichts das Tor durchschreiten wird, ebenso wie eine junge Frau, die Tochter der Blüten. Zu diesem Zeitpunkt aber wird dann alles wieder Eins werden. "Nun schwieg der alte Mann und es ward ganz still...

Wie gebannt saßen Fatima und Lucan neben dem alten Mann, - kein Laut war zu hören.

„Seht dort die Anhöhe! Von dort aus erstreckt sich ein weites Plateau, in dessen Mittelpunkt ihr das Tor der Welten sehen werdet. Allerdings gibt es zwei Wege dorthin", wobei der alte Mann Ihnen die zwei Wege beschrieb. Den einen sollte Lucan gehen, den anderen Fatima.

„Genau im Tor der Welten treffen sich beide Wege und dort werdet ihr zusammenkommen. Mehr gibt es dazu nicht zu sagen, ihr werdet wissen, was ihr zu tun habt. Geht nun! Auf Wiedersehen!"

So brachen Lucan und Fatima auf. Sie gingen ihres Weges, noch ziemlich bange im Herzen, was ihnen denn widerfahren würde.

Es war nicht ganz einfach die Pfade zu finden, war es gerade hier um das Tor der Welten sehr dämmrig, nicht Tag und nicht Nacht. Die beiden jungen Leute aufgeregt im Herzen, suchten ihren Weg, bis sie schließlich das Plateau erreichten. Was sie dort sahen war das Tor der Welten. Ab diesem Moment konnten sie ihre Blicke nicht mehr davon abwenden. Lucan lief nun schneller, dann hielt er inne. Er konnte von weiter Ferne durch das Tor schauen.

Er blickte in eine andere Welt: in einen blauen, klaren Himmel von schönem Glanz. Auch Fatima blieb stehen und schaute durch das Tor. Sie sah in eine andere Welt, in einen tiefblauen, dunklen Raum, angefüllt mit Träumen. Langsam bewegten sie sich weiter. Plötzlich erkannte Fatma auf der anderen Seite des Tores eine Gestalt mit leuchtenden Umrissen, auch Lucan sah eine Gestalt, so wunderschön, wie er noch nie eine gesehen hatte. Lucan und Fatima erblickten und erkannten sich. Während sie einander zuriefen, kam ein bezaubernder Klang aus der Öffnung des Tores heraus und auf die Beiden zu. Von dem Klang ergriffen schwebten sie fast gar auf das Tor zu. Inmitten des Tores trafen und umarmten sie sich.

Der Glanz ihres Lachens erhellte das ganze Plateau, so dass selbst die dunklen Berge nicht mehr im Dunkel standen und zu erkennen waren.

Im Glanz ihres Lachens küssten sich Fatima und Lucan. Dabei fiel der Samen, den Fatima von der alten Frau mitbekommen hatte, auf die Erde. Nunmehr wuchsen ganz rasch auf dem ganzen Plateau die Sonnenblumen, deren Blütenkraft alles mit gleißendem Licht füllte. Daraufhin war ein mächtiger Donner zu hören. Die Nacht aus den dunklen Bergen und der Tag aus dem Blütenland hatten sich dem Tor der Welten genähert und trafen sich hier nun wieder. Sie waren wieder Eins. Fast schien es so, als wollten Tag und Nacht nicht mehr aufhören zu feiern, so unablässig war der Donner der Begrüßung zu hören.

Lucan und Fatima standen noch immer im Tor der Welten, noch immer hielten sie sich an Händen, als sie beide in der Ferne den alten Mann kommen sahen. „Auf lass uns zu ihm gehen" forderte Fatima Lucan auf, worauf sie beide dem alten Mann entgegen liefen.

Dieser erwartete sie lächelnd. „Es ist geschehen, was die alte Frau vorhergesagt hat. Sicherlich würde sie euch gerne begrüßen. Ich jedenfalls werde Sie nun nach so vielen Jahren der Trennung wieder besuchen können."

„Zuerst möchte ich zu meiner Mutter der Blütenkönigin, die sicherlich auf mich wartet. Sie weiß bestimmt nicht, was alles passiert ist." Der alte Mann erhob nochmals das Wort: „ Fatima sie weiß es inzwischen! Trotzdem wird sie sich auf deine Wiederkehr freuen"; und zu Lucan gewandt sprach er „Wirst du uns begleiten?"

„Gerne", erwiderte Lucan.

Gemeinsam machten sie sich auf und zogen weiter. Schon bald entschwand das Tor der Welten ihrem Blick in der Ferne.

Im Land der Blütenkönigin

Als sie das Plateau verließen, lag vor ihnen das Land der Blütenkönigin. Es war ein schönes, hügeliges Land, voll von Blumenmeeren, die sich sacht im Winde wogten. Dort war ein Tulpenmeer, hernach ein Löwenzahnfeld, woanders ein Kirschblütental und überall noch verschiedene andere Blütenmeere.

So wanderten Fatima, Lucan und der alte Mann durch den betörenden Duft dieser Meere. Es lief sich einfach wunderbar. Nach einiger Zeit musste Lucan an sein eigenes Land denken: "Was war denn dort jetzt eigentlich geschehen? Nur dunkel konnte es wohl nicht mehr sein".

So in seine Gedanken versunken, vernahm er die Stimme des alten Mannes: „Lucan, auch im Lande Thielgnud ist es jetzt nicht mehr nur dunkel. Und wenn du wieder zurückkehren wirst, werden dir viele Dinge anders vorkommen, als du sie gewohnt warst. Auch dort wirst du noch viel zu tun haben, freue dich jetzt aber hier im Land der Blütenkönigin am Duft der Blüten, am Tag, der Nacht und dass dies alles wieder eins geworden ist am Tor der Welten! " Diese Worte erwärmten Lucan`s Herz. Und voll freudiger Erwartung, was noch alles kommen mag, fürchtete sie sich etwas, sie kannte ja die Nacht als solche nicht. Sie setzte sich näher zu Lucan, um ihn zu spüren. Lucan war dies auch angenehm und er schmiegte sich gleichfalls an Fatma. Nur der alte Mann saß mit etwas größerem Abstand von den Beiden am Feuer und sang lächelnd, ganz leise ein altes Lied, dessen Sinn aber nur er kannte. Er hatte es früher oft mit der alten Frau zusammen gesungen, zu der Zeit, als sie sich noch so nahe kommen konnten, wie jetzt gerade Fatma und Lucan...

Früh morgens brachen die drei auf. Wieder durchquerten sie unendlich weite Felder voller Blütenpflanzen. So liefen sie den ganzen Morgen, bis sie einen kleinen Bach erreichten. Da erkannte Fatima das Land auf der anderen Seite des Baches und juchzte: „Wir sind Zuhause, dort drüben bin ich Zuhause..." Dabei umarmte sie den alten Mann und drückte Lucan einen Kuss auf die Wange. Lucan wusste gar nicht wie ihm geschah!

Fatima hingegen tanzte nun eher, als das sie ging, wodurch Lucan und der alte Mann ebenfalls ins Tanzen gerieten, so dass es von Weitem bald so aussah, als bewegten sich dort drei Menschen hüpfend weiter.

Die alte Frau stand inmitten eines riesigen Löwenzahnfeldes, neben ihr die Blütenkönigin selbst. Sie erklärte der Blütenkönigin, was alles geschehen war und warum es jetzt auch im Land der Blüten wieder die Nacht und den Mond gab. Erst jetzt ahnte die Blütenkönigin, was der Fortgang ihrer Tochter vor einiger Zeit zu bedeuten hatte.

So standen die alte Frau erzählend, und die Blütenkönigin zuhörend, im Löwenzahnfeld, bis sie unvermittelt, ganz nahe ein fröhliches Lachen hörten. "Hörst du dieses herzliche Lachen, alte Frau? " „Ja ich höre ein freudiges Lachen", "Wer das wohl sein mag? " fragte die Blütenkönigin neugierig und mit unsicherer Stimme, was für sie eher ungewöhnlich war.

In diesem Moment tauchten am Rand des Löwenzahnfeldes, vom Bach her kommend, drei Gestalten hüpfend und tanzend auf.

Als diese näher kamen, blieb der alten Frau zuerst der Mund offen stehen. Sie erkannte den alten Mann in einer der Gestalten. Ebenso erkannte die Blütenkönigin ihre Tochter, wobei ihr ein Lachen über das Gesicht huschte und gleichzeitig Tränen über ihre Wangen flossen. Nicht lange blieben sie stehen bis sie schließlich losrannten. Nichts hielt sie mehr zurück. Eilends liefen die

Blütenkönigin und die weise alte Frau den Herannahenden entgegen.

Die alte Frau, der alte Mann, die Blütenkönigin, Fatima und Lucan, umarmten sich heftig, und fielen in den Löwenzahn.

Nach einiger Zeit richteten sie sich, noch ganz außer Atem, wieder auf und wussten zuerst einmal gar nicht, was sie sich erzählen sollten. Selig schauten sie einander an. Nur ihr Atem und das Summen von Bienen und Hummeln war zu hören...

Das Wiedersehen

Die Stille ward lange und niemand hätte sie zu stören gewusst. Nein Worte mussten nicht gesprochen werden. Alle waren glücklich.

Schließlich brach die Dämmerung herein, und die Blütenkönigin lud alle in ihren Garten. Als sie dort angekommen waren schien es äußerst dunkel zu sein, obwohl der Mond schon am Himmel stand. Die Menschen im Blütenland waren es jedoch nicht gewohnt in dieser Dunkelheit zurecht zu kommen. So dauerte es nicht lange, bis der alte Mann sämtliche Menschen im Garten anwies trockenes Holz zu sammeln, auf dass er Feuer entfachen könne. Schon bald lag ein riesiger Berg trockenen Holzes in der Mitte des Gartens und wenig später brannte ein leuchtendes und wärmendes Feuer, um das sich alle Menschen im Garten der Blütenkönigin scharten.

Es wurde ein Freudenfest des Wiedersehens. Köstliche Speisen wurden in die Runde gebracht. Wunderbare Musik erfüllte den Garten und die Herzen der Menschen. So brauchte es nicht lange und die Leute nahmen sich an Händen und tanzten ums Feuer und durch den Garten, ja sie überschlugen sich und rollten sich auf der Erde und es schien kein Ende zu nehmen...

Der alte Mann und die alte Frau indessen, saßen am Feuer und ihre Augen leuchteten. Vielleicht war es so, als ob sie sich zum ersten Male anschauten und erkannten. Sie hatten sich nun vieles zu erzählen, alles was in den Jahren geschehen war. Auch sie waren wieder eins und nichts mochte sie je wieder trennen.

Lucan saß unbekümmert auf der anderen Seite des Feuers und beobachtete zufrieden die beiden Alten, wenngleich ihm das Treiben im Garten noch etwas fremd erschien: „Was bedeutete denn das alles? Und warum war er hier?" Auf der anderen Seite stand Fatima mit ihrer Mutter, lachte und tanzte. Lucan schaute wieder ins Feuer.

Er bemerkte gar nicht, dass Fatima sich neben ihn setzte. "Lucan, ich freue mich, dass du hier bist. Auch meine Mutter freut sich darüber und all die anderen".

„Fatima ich freue mich auch, aber ich weiß noch gar nicht, was dies alles zu bedeuten hat":

„Denkst du an Thielgnud? " „Ja auch..., und an all die Blüten hier, den Tag , das Feuer, die Stimmen, das Tanzen, ich kenne das alles nicht und trotzdem weiß ich, dass ich genau das gesucht habe, als ich aufbrach".

„Ich kenne auch vieles erst seit einigen Tagen und weiß auch noch nicht wohin damit..."

Da saßen die zwei und schwiegen noch kurz, als Fatima Lucan fragen wollte ob er nicht auch tanzen wolle. Doch stattdessen nahm sie ihn an der Hand und lief mit ihm in die tanzende Menge. Lucan und Fatma tanzten ohne Unterlass, so waren bald die schweren Gedanken verflogen und nur noch ein Glänzen zog sich über Lucans und Fatimas Gesicht.

Seit jener Nacht waren Lucan und Fatima oft zusammen, man konnte sie oft im Garten sehen, irgendwo saßen oder lagen sie und es schien so, als ob sie sich gefunden hätten...

Erst als sich die letzten Blüten am Abend geschlossen hatten und die Sonne nicht mehr zu sehen war, suchten sie sich einen Platz und legten sich schlafen. So ging das viele Tage und Nächte und beide fühlten sich wohl, bis Lucan eines Tages kund tat, dass er wieder zurückkehren müsse ins Land Thielgnud. Dabei wurde Fatima etwas traurig.

Nicht lange dauerte es bis der alte Mann, die alte Frau, die Blütenkönigin, Fatima und Lucan zusammenkamen und darüber beratschlagten, was bei Lucans Abschied zu tun sei.

Abschied

Sie saßen im Garten der Blütenkönigin; als erster ergriff die alte Frau das Wort: „Am Tor der Welten haben sich nach vielen Jahren der Trennung Tag und Nacht wieder gefunden. Lucan, du warst dazu bestimmt dies mit herbeizuführen. Du kommst aus der Nacht und hast den Tag erlebt; so geh nun ins Land Thielgnud zurück und erzähle den Menschen, was es bedeutet auch den Tag und die Blüten zu kennen".

Der alte Mann sagte zu Lucan: „Du brauchst keine Angst zu haben, wohl wird es Leute geben, die dir misstrauisch begegnen werden, jedoch können sie dir nichts anhaben. Du bist der Sohn des Lichts. Denk an das Tor der Welten. Bringe das Licht, die Freude und das Leben zurück nach Thielgnud!"

Bei diesen Worten wussten alle, dass Lucan nun gehen würde, zurück in ein Land, das ehemals nur Dunkelheit und Angst bedeutete, heute aber wieder etwas anderes sein konnte.

Allen war ein Gefühl der Spannung inne, bis schließlich die alte Frau zu Lucan sagte: „Geh nach Thielgnud, sie werden sich freuen! So wie auch wir uns auf deine

Wiederkehr freuen! " „Ich werde wieder kommen",
antwortete Lucan. Dabei sah er Fatima und freute sich.
Sie umarmten und küssten sich innig.

Am nächsten Tag brach Lucan auf ins Land Thielgnud. Es
war ein schöner Tag an dem die Sonne am blauen
Himmel mit ihrem schönen Gelb leuchtete und Lucan den
Weg wies in das Land hinter den dunklen Bergen, nach
Thielgnud.

Zurück in Thielgnud

So wanderte Lucan durch die verschiedenen Blütenmeere des Blütenlandes und genoss deren wohltuende Düfte ohne dabei an irgendetwas zu denken, den Weg kannte er ja. Irgendwann kam er auf das Plateau, wo das Tor der Welten stand. Schon von weitem sah er es, wie es dort seit ewigen Zeiten stand. Seltsam, wie es anzusehen war. Einzig das Tor ragte aus dieser großen Ebene heraus, und da packte Lucan gleichzeitig Wehmut und Schaudern, als er daran dachte, was hier von statten ging und was er hier mit Fatima erlebt hatte.

Mit diesen Erinnerungen ging er weiter, dazu kamen Gedanken in ihm hoch, ob er denn wirklich so freundlich aufgenommen werden würde, wie die alte Frau und der alte Mann gesagt hatten – vielleicht wollten sie ihm auch nur Mut machen? Zweifel und Unwohlsein machten sich etwas breit. Waren dies die Kräfte von Thielgnud, dem er sich nun allmählich wieder näherte, die da anfingen zu wirken?

Langsam wurde es dunkel und es würde die zweite Nacht für Lucan sein, die er allein zubringen musste. Schon hatte er sich mit dieser Tatsache angefreundet, als es plötzlich „Halt, wer da?" rief. „Ich bin Lucan, bin auf dem Weg nach Thielgnud und wer seid ihr?" „Sei gegrüßt, Lucan, wir warten schon auf dich, wir sind die Wächter des großen Sumpfes und haben den Auftrag, dich durch den Sumpf zu begleiten!"

Erleichtert seufzte Lucan auf und ging auf die Wächter zu, die nach einigen Schritten auch etwas besser zu erkennen waren. Daraufhin begrüßten sie sich und Lucan wurde von zwei Wächtern angewiesen, ihnen zu folgen.

Bald darauf kamen sie an ein großes Feuer, wo Lucan herzlich empfangen wurde von all den anderen Wächtern mit lauter Köstlichkeiten, die sie für ihn aufgetischt hatten. So etwas hatte Lucan nicht erwartet. Lange saßen sie am Feuer und erfreuten sich der Wärme, die es ausstrahlte, aßen, tranken und erzählten sich von ihren Erlebnissen... bis Lucan schließlich erschöpft in einen wohltuenden Schlaf sank...Lucan wurde von den ersten Sonnenstrahlen geweckt. Obwohl er nicht viel geschlafen hatte, fühlte er sich wohl und zu seiner Freude hatten die Sumpfwächter auch schon heißen Tee zubereitet, der über dem Feuer vor sich hin kochte.

Lange hielten sie sich nicht auf; schon bald brachen sie auf – das letzte Stück bis Thielgnud lag vor ihnen – mitten durch den Sumpf, der wie üblich in dichtem Nebel lag.

Unterwegs erkundigte sich Lucan bei den Wächtern, ob sie wohl wüssten, wie die Lage in Thielgnud sei. Diese konnten ihm aber nichts genaues sagen.

So wanderten sie weiter in der Ungewissheit, was sie erwartete, besser gesagt, was Lucan erwartete. Spät am Abend schließlich erreichten sie das Ende des Sumpfes, wo sie an einer riesengroßen Baumhöhle lagerten.

Die Sumpfwächter verbrachten nochmals eine Nacht mit Lucan, bevor sie am nächsten Morgen wieder zurückkehren wollten. Sie ließen sich wie gewohnt am Feuer nieder und warteten auf die Nacht. Ob es denn morgen aufrichtig Tag in den dunklen Bergen werden würde? Aber wie sollte es denn auch anders sein, versuchte sich Lucan zu beruhigen. Schließlich hatten ihm der alte Mann und die alte Frau dies versichert. Was Fatima wohl jetzt machte? Gern würde er sie wiedersehen, doch zuerst war Thielgnud dran... Lucan schlief ein...

Die Sonne war schon aufgegangen, als die Sumpfwächter Lucan am Feuer begrüßten. Lucan hatte lange geschlafen, so dass es für die Wächter bald Zeit wurde, wieder zurückzukehren. Herzlich verabschiedeten sie sich, nicht ohne dass Lucan den Sumpfwächtern Grüße für Fatima mit auf den Weg gab. Lucan beschlich ein merkwürdiges Gefühl des „Vorbeiseins" mit was? Würde er nicht mehr ins Blütenland zurückkehren, den alten Mann und die alte Frau nicht mehr wiedersehen? Und vor allem Fatima? Er musste weinen und setzte sich auf einen Stein. Einige Zeit saß er in sich versunken dort, doch Klarheit kehrte nicht bei ihm ein, eher eine unendliche Leere. War dies sein Weg? War der Garten der Blütenkönigin nicht genug?

Voller Zweifel erhob sich Lucan und trottete in den dunklen Bergen umher, er wusste gar nicht, in welche Richtung er gegangen war, als er wieder seiner Umgebung gewahr wurde. Es wurde ihm klar, dass es der geheime schmale Pfad war, auf dem er sich befand, den er vormals mit dem alten Mann betreten hatte, nur dass er ihn nun bei Tageslicht wahrnehmen konnte.

Ein wirklich schmaler Pfad, an dessen Hangseite es steil bergab ging; welcher Gefahr sie sich ausgesetzt hatten damals in der Dunkelheit! Er bewunderte im Nachhinein nochmals die sichere Führung des alten Mannes.

Nach einiger Zeit kam er auf eine Anhöhe. Etwas unterhalb davon, seitwärts gelegen, sah er einen Felsvorsprung. Dort wollte er Rast machen. Unter dem Felsvorsprung verbarg sich eine kleine Höhle; dieselbe, in der sie ehedem Zuflucht vor den Wächtern des dunklen Waldes gefunden hatten.

Als er in der Höhle angekommen war und sich dort niederließ, bemerkte er im hinteren Teil eine Felsplatte auf dem Boden, die ihn neugierig werden ließ. Er hob sie an und stellte fest, dass sich darunter einer Öffnung befand. Kurz entschlossen ließ er sich in die Öffnung hinab, wobei er mit den Füßen auch auf Grund stieß.

Er war in einem Gang gelandet, dessen Höhe die Hälfte seiner Körpergröße maß. Völlig dunkel war es darin, nichts war zu erkennen, nur nach oben hin das Licht, welches durch die Öffnung fiel.

Lucan kletterte nochmals hoch und ging mit einem brennenden Holzscheit die Öffnung abermals hinab. Den Gang konnte er so entlang kriechen ohne irgendwelche Dinge zu entdecken. Schon wollte er umkehren, als er wiederum an eine Steinplatte geriet. Auch diese schob er beiseite, und auch diesmal war eine Öffnung vorhanden, in die er sich hinab ließ, allerdings mit einiger Anstrengung, war sie doch äußerst eng und kantig. Es beschlich ihn ein wenig Angst, ob er nicht stecken bliebe, hier in diesem finsteren Loch. Panisch quetschte er sich vollends hindurch, wobei er mit seinen Kleider an einer Steilkante hängen blieb und „flop" fiel er noch ein paar

Fuß tiefer und landete etwas zerzaust und verdreckt auf dem Erdboden.

Lucan richtete sich auf und schaute um sich, doch was sah er da: Inmitten einer großen Versammlung war er hineingeraten. In einer hallenähnlichen Höhle befand er sich, wo sich hunderte von grünlich scheinenden Wesen aufhielten. Sie kamen ihm sehr befremdlich vor, halb Mensch – halb irgendetwas. Da vorne saß auf einem Thron eine mächtig wirkende Gestalt, die etwas größer war, nicht so schmächtig, wie all die anderen, die anfing zu sprechen:

„Lucan, wir haben dich schon lange erwartet! Normalerweise dulden wir hier keine Menschen, doch ist es uns ein Anliegen, dich hier empfangen zu können, hab also keine Angst! Wir sind die Hüter der Schatten und der Dunkelheit, und es hat seinen Grund, warum du den Weg zu uns gefunden hast. Vor langer Zeit haben wir deiner Mutter, der Königin der Angst, wie sie heute genannt wird, den Auftrag gegeben, die Schattenseiten und die Dunkelheit in eurer Welt zu beaufsichtigen, allerdings hat sie diesen Auftrag missbraucht und die Kräfte der Schatten und der Dunkelheit zu ihren Gunsten ausgenützt. Deshalb schickten wir einen Wind in dich um diesem unsäglichen Leid ein Ende zu bereiten.

Die Unruhe, die dich damals trieb, ins Land der Blütenkönigin zu gehen, haben wir dir geschickt, weil niemand anderes als du eine Hoffnung bot. Auch deshalb, weil die Kraft der Schatten und der Dunkelheit hier in Thielgnud übermächtig wurden und so nur noch zerstörerisch wirkten! Das ist jedoch nicht unser Ansinnen, denn wir wissen wohl, dass der Tag ohne die Dunkelheit und Nacht euch Menschen nur noch blenden würde. Doch auch umgekehrt wird die Nacht als Alleinseiende nur noch zur Last für die Menschen. Lucan, du hast das Zusammenkommen von Tag und Nacht am Tor der Welten erlebt und du und Fatima waren es, die es bewirkt haben. Dafür danken wir dir. Aber nun gut, du darfst nicht allzu lange hier bleiben, es ist nicht deine Welt. Wir öffnen dir dort einen Ausgang und du wirst an deinem Ziele ankommen. Schau dir Thielgnud an, es wird nicht nur schön sein! Doch bedenke, dass du noch Vater und Mutter dort hast. Suche sie auf, und wenngleich sie schwere Schuld auf sich geladen haben, kann es sein, dass du mit ihnen zusammen kommst. Ihre Macht ist zu Ende. Vielleicht bemerken sie ein ganz anderes Glück, von dem sie bisher nichts gewusst haben, wenn du zu ihnen zurückkommst. Und noch etwas, falls du dich jemals fürchten solltest in der Nacht oder dir Grausiges geschehen sollte, dann ruf die grünen Geister der Schatten und Dunkelheit. Wir werden dann bei dir sein, versprich nur, dass du niemandem davon erzählst, sonst könnte es böse enden. Geh nun deinen Weg, wir sind bei dir."

Damit endete die große grüne Gestalt mit ihrer Rede und Lucan sah ein Loch in der Höhle, durch das Licht eindrang. Was er aber sah, als er hindurchging, war nichts anderes als die Heimatstadt seiner Eltern: Thielgnud. Sie lag unter seinen Füßen. Ganz beklommen wurde es Lucan, als er so seine Heimatstadt im Tageslicht zum ersten Mal wieder zu sehen bekam. War das seine Stadt?

Lucans Heimatstadt

Er betrachtete Thielgnud von einer Anhöhe aus. Noch nie hatte er seine Heimatstadt bei Tageslicht gesehen! Unwirtlich sah sie aus, kein Grün, keine Pflanzen waren zu sehen. Wie schön war es doch im Blütenland gewesen!

Einige Zeit verharrte er so, den Blick auf Thielgnud werfend und die Erinnerung an das Zurückliegende in seinen Gedanken tragend.

Dann machte er sich auf und schritt einen kleinen Weg, von Tieren vorgezeichnet, den Berg hinab in Richtung Thielgnud.

Auf dem Weg in die Stadt blieb er einige Male stehen und schaute auf dieselbe hinab. Immer wieder musste er Mut sammeln, doch dann sah er ein kleines grünes Etwas aus der Erde hervorbrechen! Es war eine Pflanze. Er kniete auf den Erdboden nieder und freute sich so über diese so kleine Pflanze, dass er sie sogleich küsste und ihr zärtlich seinen Dank aussprach. Nun überkam ihn ein ganz neues Glücksgefühl, aus dem er richtig Mut fassen konnte.

So schritt er weiter in Richtung Stadt. Großes Treiben war dort nicht vorzufinden, wenngleich er das Gefühl hatte, dass es schon etwas lebendiger zuging, als zu jener Zeit, da er aufgebrochen war. Doch als ihm die ersten Bewohner begegneten, sprangen diese erschrocken in ihre Häuser zurück und verkrochen sich darin.

Lucan war etwas enttäuscht, aber wie sollten sie auch anders? Vielleicht war es seine sonnengegerbte Hautfarbe, die sie erschreckte. Waren sie doch alle grau und fahl im Gesicht und hatten einen solch farbigen Menschen noch nie erblickten. Lucan fragte sich, ob vielleicht die älteren Menschen sich hier an solches Aussehen erinnern könnten? So lief er durch die Straßen und sah ein kleines Mädchen. Als er sie eingeholt hatte, und sie ihn bemerkte, sprang sie davon. Lucan dachte, sie hätte Angst und rief ihr nach „Du brauchst doch keine Angst haben!", doch im gleichen Moment dachte er, dass dieser Ausspruch für das Mädchen sicherlich auch nicht nützlich sei. Das Mädchen antwortete ihm:" Ich hab gar keine Angst, ich wollte nur etwas herumspringen", „ach so, dann können wir ja zusammen gehen, wohin gehst du?". „Ich gehe nach Hause zu meiner Mutter". So gingen sie zusammen zum Haus ihrer Mutter. Unterwegs erzählte sie Lucan, dass es noch gar nicht so lange her sei, dass man so toll herumspringen könne, weil alles so dunkel war und man immer aufpassen musste, nicht über etwas zu stolpern, was nicht zu sehen war.

Als sie am Haus des Mädchens ankamen, stand ihre Mutter schon vor der Tür und erwartete sie. Etwas skeptisch schaute sie schon, als sie Lucan sah. Das Mädchen war schnell im Haus verschwunden. So unterhielt sich Lucan mit der Mutter. Als diese aber hörte, wer er sei, erzählte sie ihm sehr besorgt, dass seinerzeit nach ihm gesucht worden wäre. Und jeder, der ihn gefunden hätte, mit Schätzen belohnt worden wäre. Allerdings bestünde nun ein großes Chaos, weil viele, auch die Königin der Angst, dazu die meisten Soldaten, ihr Augenlicht verloren hätten, da sie durch den wiedergekommenen Tag geblendet wurden. Da sprach die Frau zu Lucan: „Wenn du willst, zeige ich dir den Weg zum Schloss deiner Mutter, ich weiß auch, wie du Kontakt zu ihr aufnehmen kannst. Jeden Tag nämlich kommt sie mit einer kleinen Gefolgschaft zu meinem Marktstand im Innenhof ihres Schlosses." In diesem Augenblick kam das Mädchen zur Tür herein und überreichte Lucan ein kleines Beutelchen, in dem sich etwas befand. Lucan freute sich sehr darüber, doch die Mutter sprach zu ihrer Tochter:" Du weißt aber, dass er es jetzt auch mitnehmen wird!" Da weinte das Mädchen ein wenig und sprach:" Ja, ich weiß es, aber er wird es noch brauchen können!" Tatsächlich war ein Stein in dem Beutel, der einen davor bewahrte, die eigenen Gefühle zu vergessen. In Zeiten der Dunkelheit war er für die Mutter und die Tochter der einzige Lichtblick im Lande der Königin der Angst gewesen. Nur dadurch konnten sie Trost finden. Und mit seiner Hilfe vergaß die Mutter die Liebe zu ihrer Tochter nicht. Als Lucan dies hörte, musste er weinen und bedankte sich sehr. Er küsste die beiden und umarmte sie ganz herzlich.

Die alte Frau und der alte Mann hatten wohl doch recht; er wurde freundlich aufgenommen hier in Thielgnud.

Zusammen mit der Frau und dem Mädchen speiste er nun in deren Haus. Es war ein sehr kärgliches Mahl, denn was sollte es auch schon geben, in einem Land, in dem bis vor kurzem nur die Nacht waltete. Trotzdem freuten sich die drei und Lucan erzählte dabei vom Blütenland, dem Tor der Welten und all dem, was er zuvor erlebt hatte. Das erstaunte die Beiden ziemlich. Schließlich legten sie sich schlafen, mit der Aussicht, am nächsten Tag auf den Markt zu gehen, wo Lucan seine Mutter zu treffen hoffte. Was würde das wohl für ein Wiedersehen geben?

Die Königin der Angst saß wie jeden Morgen, nachdem sie aufgestanden war, steif und starr in ihrem Sessel. Keine Regung war ihr anzumerken, so als sei sie schon gestorben. Einige Dienerinnen sprangen um sie herum und bereiteten den morgendlichen Gang zum Markt vor. Als die Königin sich schließlich mit der Hilfe ihrer Dienerinnen angezogen hatte, machte sie sich auf den Weg zum Markt. Weit war es nicht, es war ja im Innenhof des Schlosses, doch war es eine beschwerliche Tortur für die Königin der Angst, weil sie ja nicht mehr sehen konnte. Trotzdem wollte sie bei jedem Einkauf dabei sein, denn sie traute nämlich ihren Bediensteten überhaupt nicht.

Also zog der ganze Tross, samt einigen Soldaten, auf den Markt. Schließlich kamen sie auch an den Stand der Frau, die Lucan abends zuvor kennen gelernt hatte.

Lucan erkannte seine Mutter schon von weitem und ihm stockte der Atem. Wie alt sie doch geworden war, ganz bleich und verdorrt sah sie aus! Oder war sie es doch nicht? Aber nein, wer hatte sonst hier einen solchen Tross um sich herum? Am Stand angekommen, befahl die Königin ihren Dienerinnen, dies und das zu testen und zu kaufen.

Da sprach Lucan:" Liebe Mutter, seid gegrüßt. Ich bin wieder zurück und möchte dir einiges von dem erzählen, was ich erlebt habe." Die Mutter erstarrte zu Eis, als sie die Stimme ihres Sohnes hörte, die sie wohl noch erkannte; wohl wissend, was passiert war, schließlich war es ihr eigener Sohn, der sie um die Macht und ihr Augenlicht gebracht hatte. Sie schrie die Soldaten an:" Ergreift ihn und werft ihn in den Kerker!" Ein kurzes Handgemenge kam zustande und Lucan befand sich in der Gewalt der Soldaten. Zuvor warf er aber das Beutelchen mit dem Stein unbemerkt um den Hals seiner Mutter. Er wurde abgeführt und in eine dunkle, garstige und stinkende Zelle geworfen. Tränen liefen ihm die Wangen hinab, was nun? War dies jetzt seine letzte Bleibe?

Die Königin aber tat sich nur mit verächtlichen Bemerkungen über ihren Sohn hervor und ging zurück in ihren Palast. Dort angekommen, erzählte sie ihrem Mann, dem König, was passiert war. Dieser war seit einiger Zeit schon ganz griesgrämig geworden und lamentierte:" So sei es", und seufzte dabei ein wenig. Es war ihm gleichgültig, was geschehen war. Seine Kräfte hatten ihn verlassen, die Liebe zu seiner Frau war erloschen und seinen Lieblingssohn Lucan wollte er eigentlich nur noch vergessen. Die Königin ging danach wieder zurück in ihre Gemächer und setzte sich in ihren Sessel, ganz starr von Kälte. Als sie so eine Weile dort harrte, bemerkte sie plötzlich den Beutel und wunderte sich, wie der wohl an ihren Leib kam. Im Begriff, ihn wegzuwerfen, fühlte sie aber einen harten Gegenstand darin und öffnete den Beutel. Sobald sie den Stein herausgenommen hatte, überkam sie auf mächtige Art und Weise das Gefühl der Trauer, welches sie beileibe nicht mehr kannte. Eine Flut von Tränen brach aus ihr hervor, so dass ihre Zofen Mühe hatten, ihr Gesicht zu trocknen.

Der König wurde benachrichtigt und machte sich zu seiner Frau auf. Als er nun die weinende Königin sah, fragte er ganz verdutzt, was wohl der Grund dafür sei. Die Königin aber konnte nur ein Schluchzen hervorbringen. Da sah der König den Stein in der Hand seiner Frau und wollte ihn näher betrachten, indem er nach ihm griff. Da sagte seine Frau:" Nimm ihn nicht, sonst ergeht es dir wie mir." Doch ein letzter Funke von Neugier ließ ihn davon nicht abbringen. Dem König erging es tatsächlich nicht anders, wie seiner Frau. Nun saßen sie gemeinsam zusammen auf ihren schönen Sesseln und Ströme ihrer Tränen nässten den Boden und die Kleider der Beiden.

Nun erkannten sie ihre Untaten und ihre Machtgier, von denen sie so lange beherrscht gewesen waren. Dabei gedachten sie ihres Sohnes Lucan. In diesem Zustand der Tränen und der Einsicht hießen sie ihren Sohn kommen. Als sie ihn vor sich sahen, mussten sie nur noch mehr weinen.

Lucan war schockiert und wusste nicht, wie ihm geschah. In diesem Moment erinnerte er sich an das kleine Leinensäckchen, welches er vor seiner Abreise aus dem Blütenland noch von der alten Frau mit folgenden Worten überreicht bekommen hatte." Lucan, in diesem Säckchen befindet sich eine besondere Erde, befeuchtest du sie mit den Tränen der Blinden, werden sie wieder sehen; streichst du sie auf den Nabel der Traurigen, werden sie sich wieder freuen!" Damals verstand er diese Worte nicht, jetzt aber wusste er, wozu dieses Leinensäckchen, das er am Leib trug, gut sein würde.

Er nahm es heraus, bat um ein Schwämmchen und begann damit die Tränen seiner Eltern aufzusaugen. Danach drückte er den Schwamm über der Erde aus und rührte die selbige zu einem Brei an. Diesen Brei strich er auf die Augen und den Nabel seiner Mutter und seines Vaters. Das Sonnenlicht drang wieder in die Augen seiner Mutter, erwärmte die Herzen seiner Eltern und die

Strahlen der Sonne ließen auch wieder das Antlitz beider erstrahlen. Der König erkannte seine Frau, wie er sie vor langer Zeit kennen gelernt hatte. Die Königin selbst aber war wie neu geboren.

Dann wurde es still, niemand sagte etwas. Lucan ging auf die Beiden zu und umarmte sie. Die Dienerschaft staunte mit offenen Augen und Ohren, als sie dies erlebten. Und sie mussten ebenso ihren Tränen ihren Lauf lassen.

Der König und die Königin bereuten nun ihre Untaten und sahen diese nun wahrlich in einem anderen Licht. Sie versprachen ihrem Sohn, alles nur Mögliche zu tun, die verloren gegangene Lebensfreude in Thielgnud neu zu beleben und die zerstörerische Angst vollends zu beseitigen.

Lucan blieb noch einige Zeit in Thielgnud und beobachtete erfreut, wie sich allmählich ein grüner Schimmer über die Felder legte, hier und dort ein Pflänzchen wuchs und sogar die ersten Blumen konnte er im Schlossgarten entdecken,

In seinem Inneren wusste Lucan, dass er zurück ins Blütenland wollte. Er dachte an Fatima. Ob er sie wieder träfe? So beschloss er, aufzubrechen gen Blütenland.

Schließlich, nach einem großen Fest, zu dem König und Königin geladen hatten, zog Lucan los, nicht aber, ohne sich vorher von jener Mutter und ihrer Tochter, welche ihn so freundlich aufgenommen hatten, zu verabschieden. Sie küssten sich alle drei und hielten sich ganz fest. Sollte er doch bleiben? So lieb gewonnen hatte er die Beiden! Doch konnte er nicht bleiben, es war ihm noch anderes bestimmt, es trieb ihn weiter...

Lange winkten sie sich noch zu, bis sie einander nicht mehr sehen konnten.

Erneuter Aufbruch

Als Lucan eine Zeit lang gelaufen war, dachte er bei sich, dieses Mal einen anderen Weg in` s Blütenland zu beschreiten. Der alte Mann erzählte ihm einst von einem zweiten Weg, den es früher gegeben hätte. Allerdings wusste niemand sonst von dem Weg. Er lief den ganzen Tag in Richtung Blütenland. Einzig an der Sonne konnte er sich orientieren, deren höchster Stand ihm noch als Wegweisung von dem alten Mann damals mitgeteilt worden war.

Am Abend gelangte er an einen großen Baum, in dem sich eine Höhle befand, darin er Schutz suchte.

In der Nacht träumte er von Fatima, wie er sie wieder traf, als er plötzlich aufwachte. Vor ihm stand ein grünlich aussehendes Wesen, ähnlich jener Höhlenbewohner, denen er kurz vor seiner Ankunft in Thielgnud begegnet war. Zwar war ihm etwas bange zumute, doch fragte Lucan dieses Wesen, nach dem Grund seiner Anwesenheit. Dieses antwortete: „ Ich bin im Auftrag der grünen Geister von Schatten und Dunkelheit hier, um Dich zu beschützen. Dank Dir sehen wir unsere Macht nicht mehr missbraucht. Denke immer daran, dass wir bei dir sind! „.

Darauf verschwand die Gestalt und Lucan schlief wieder ein. Am nächsten Morgen erinnerte sich Lucan an die Worte des Oberhaupts der grünen Geister, wie jener ihm Beistand in Gefahr versprach, was ihn doch sehr beruhigte, da er seinen bevorstehenden Weg nicht kannte. So zog er weiter und sah alsbald ein Tal vor sich liegen, welches mit üppigem Wald bewachsen war. Das musste wohl schon das Blütenland sein, denn in Thielgnud gab es keinen Wald mehr, nur noch am Übergang zum Blütenland. Also zumindest konnte es nicht mehr allzu weit sein.

Der Abstieg in das Tal dauerte jedoch Stunden, weil kein Weg hinunter führte. Nach einiger Zeit entdeckte Lucan, dass sich ein großer Fluss durch dieses Tal zog. Erschöpft dort unten angekommen, genoss er zuerst ein Bad darin, was ihn mit großem Wohlbehagen erfüllte. Freudig sprudelte das Wasser um seinen Leib herum, als ob es Lucan massieren wollte.

Frisch gebadet lief er nun an diesem Tag und einige weitere Tage am Fluss entlang, bis dieser aus dem bewaldeten Tal in eine große Ebene gelangte. Dort schlug er abends sein Lager auf, um am nächsten Tag die Gegend etwas zu erkunden. Er wollte sich auch auf Nahrungssuche machen, denn seine Vorräte gingen zur Neige.

Der Fluss, das Leben darauf und das Warten

Lucan erkundete die Gegend am Fluss und fand dort viel Obst und Beeren. Alles war sehr üppig und als er sich genügend Früchte eingesammelt hatte, begab er sich an einen schönen Platz, an dem er sein Lager aufschlug, sich setzte und zu speisen anfing. Dabei sah er in den Fluss, wie er so an ihm vorbei floss, die Steine mit Wellen umspülte und dabei ihm die unmöglichsten Melodien an sein Ohr herantrug, die ihn einfach nicht loslassen wollten.

Schließlich begab sich Lucan etwas flussabwärts, wo er eine Furt entdeckte. Hier wollte er den Fluss durchschreiten. Kaum hatte er sich ein paar Schritte in den Fluss gewagt, als er von einer starken Strömung abgetrieben wurde. Angst und Panik überkamen ihn und mit ganzen Kräften versuchte er wieder an das Ufer zu kommen, doch es gelang ihm nicht. Er wurde einfach mitgerissen und kam in solche Not, dass er nur noch verzweifelt gegen die Gewalt des Wassers ankämpfte. Lucan war im Ringen mit dem Wasser und nicht mehr lange hätte es gedauert, bis seine Kräfte dahingeschwunden wären, wenn er nicht eine Insel auf diesem großen Fluss gesichtet hätte. Mit allerletzter Kraft und durch gute Fügung, welche die Strömung in Richtung Insel brachte, schaffte er es dort anzukommen.

Er mühte sich die Uferböschung hoch und blieb erschöpft dort liegen, nur ein Bein baumelte noch im Flusswasser. Vollkommen entkräftet harrte er dort am Flussufer dieser Insel aus.

Lucan weinte; was hatte ihn hierher getrieben? Er saß hier auf der Insel und konnte nicht an das andere Ufer. Der Fluss war unüberwindlich und doch sehnte er sich wieder an das andere Ufer zurück. Die Insel war schön. Es gab viele Obstbäume darauf, Sträucher und allerlei Wildgemüse. Hunger jedenfalls musste er nicht leiden. Das war es nicht was seine Gedanken umtrieb.

So erkundete er diese kleine Insel, die unbewohnt war, wie er bald feststellte. Er war sozusagen Statthalter einer einsamen Insel geworden, die von einem reißenden Fluss umgeben war. Und obgleich er die Schönheit dieser Insel zu schätzen wusste, blieb ihm immer gewahr von welcher Kraft des Flusses er umgeben war. Lucan richtete sich auf jener Insel inmitten des Flusses ein. Er baute eine kleine Hütte und konnte sich von den Früchten der Insel ernähren.

Doch was blieb, war die Sehnsucht nach dem anderen Ufer und manchmal musste er auch an Fatma denken. Welchen Weg hatte er eingeschlagen? „ Jetzt so ganz allein", dachte er, wenn er auf den Fluss blickte, der einerseits unaufhaltsam und reißend war und andererseits aber auch Lucan mit seinen Melodien besänftigte. Würde er jemals wieder von hier wegkommen? Und warum? Vielleicht sollte er hier zufrieden werden und bleiben.

Die Fährfrau

So lebte sich Lucan auf der Insel ein, doch jeden Morgen und Abend ging er an das Ufer des Flusses, schaute auf die gegenüberliegende Seite ebenso wie auf den Fluss selbst und ließ seine Gedanken fließen.

Ab und an hielt ein vorüber fahrendes Boot am Ufer der Insel an. Er hieß die Leute willkommen, half ihnen frischen Proviant auf ihre Boote zu schaffen und beherbergte sie in seiner Hütte. Des Abends ließ er sich von ihren Geschichten unterhalten, was ihm zu einer wohltuenden Abwechslung in seiner Einsamkeit verhalf. Manchmal meinte er mit einem seiner Gäste weiterziehen zu können, als er aber morgens erwachte, waren sie jedes Mal bereits wieder verschwunden.

Eines Abends sah er auf dem Fluss eine Fähre, darauf stand eine Frau, deren blaues Kleid in der Abendsonne nur noch intensiver leuchtete, als dass es schon war. Dabei wehten ihre roten und sehr langen Haare im Wind.

Als er sie so sah, jubelte es in seinem Herzen und er konnte nicht anders, als ihr heftig zuzuwinken.

Als sie das Ufer betrat, kam es Lucan ganz unwirklich vor. Es war, als wäre sie angekommen, er sah sie ja, wie sie ihm dort vom Strand entgegenlief und trotzdem war es für ihn, als ob sie nicht da wäre.

Sie begrüßten sich, als würden sie sich schon lange kennen. Und so wunderten sie sich beide nicht, was sie aus ihrem bisherigen Leben erzählten.

In Wirklichkeit war die Fährfrau die Hüterin des Flusses und wenn er mit ihr weiter führe, gelänge es ihm die verschiedenen Wasser und deren Farben zu sehen.

Lucan war es unheimlich zumute. War sie denn eine Frau aus dieser Welt? Doch musste sie es ja sein, wenn er mit ihr sprechen konnte. Sie war sehr zärtlich und liebevoll zu ihm und dabei fühlte er sich geborgen bei ihr.

Der Fährfrau ging es nicht anders bei Lucan. In der gleichen Nacht erkannten sie ihre Liebe füreinander; eng umschlungen lagen sie neben dem Feuer und genossen ihr Zusammensein. Völlig liebestrunken begab sich Lucan am nächsten Morgen auf die Fähre dieser Frau und verließ seine Insel.

Am ersten Tag war der Fluss in ein tiefes Rot getaucht und Lucan schien es, als würde er auf reinem Blut dahin treiben. Dann wieder war das Wasser braun, wie die Erde; gelb, wie der Uferstrand; blau, wie der Himmel und grün, wie das Gras.

Die Fährfrau erklärte nichts.

Ihre Liebe und Zuneigung wurde immer heftiger. Auch am nächsten Tag als der Fluss in das Orange der Ringelblume getaucht war. Am dritten Tag war der Fluss so grün, wie das Laub des Waldes und Lucan sah nur noch Fatima vor sich und was sie einst zusammen erlebt hatten. Er war nun hin und her gerissen. Am vierten Tag wurde der Fluss so gelb, wie Löwenzahn und Lucan freute sich daran, wie an der Kraft des Sonnenscheins, doch spürte er diese Kraft auch in seinem tiefsten Innern. Er konnte sich vor Freude nicht halten und sprang voll Herzenskraft in die Höhe, immer und immer wieder. Indes wurde die Frau immer schweigsamer. Fast gar zog sie sich etwas zurück. Lucan versuchte sie aufzuheitern und ermunterte sie mit ihm gemeinsam zu träumen, wie schön und intensiv diese Fahrt mit ihr sei.

Es war schon der fünfte Tag und der Fluss ward rot. Lucan war im Begriff sich die Zukunft auf der Fähre auszumalen. Unbändige Schaffenskraft erfasste ihn.

In der Nacht ward der Fluss in ein tiefes Lila getunkt. Lucan wachte zwei oder dreimal auf und spürte, dass sich noch andere Wesen auf der Fähre aufhielten. Indes schlief die Frau ganz ruhig.

Am sechsten Tag war der Fluss in der Farbe des Himmels getaucht, in der Farbe des Kleides der Fährfrau.

Es berührte ihn sehr, wie sie die Fähre lenkte, ihre Arbeit tat, während er ziemlich traumtänzerisch darauf hin und her lief. Er liebte sie, doch wusste er nicht mehr, wie er es ihr nahe bringen sollte. Die Fährfrau lächelte, aber sie blieb schweigsam.

Am siebten Tag war der Fluss ganz schwarz und Lucans Gedanken trübsinnig. Er dachte an seine Untaten und seinen Eigensinn. Er war nicht mehr in Liebe getaucht, sondern wütend auf diese Fährfrau, wie sie ihm keine Antwort mehr gab. Dabei wurde er immer trauriger. Was sollte er nur auf dieser Fähre mit jener stummen Frau?

Am achten Tag wurde der Fluss ganz aschgrau. Lucan graute es davor weiterzufahren und bat die Fährfrau an Land zu gehen. „ Bald „ , sagte sie. Lucan war sehr traurig geworden. Sie kamen nicht mehr zusammen.

Am nächsten Morgen, am neunten Tag, ward der Fluss in schönes Weiß gekleidet, ganz sacht und ruhig floss er dahin. Alles war in Ruhe gebettet, genauso, als wenn Schnee das Land ganz frisch bedeckt hielt.

Schließlich setzte die Fährfrau die Fähre ans Ufer.

Wieder an Land

Es war schon Abend geworden, als Lucan und die Fährfrau an Land kamen. Als sie ausstiegen, hatten sie gerade noch Zeit dafür, etwas Holz für ein Feuer zu sammeln.

Sie schichteten das Holz auf und entfachten das Feuer. Eine Weile saßen sie schweigend nebeneinander. Und wer weiß wie lange sie so saßen. Es war schon dunkle Nacht, als die Fährfrau zu sprechen begann: „ Lucan, es fällt mir schwer dies zu sagen. Du warst so gut und lieb zu mir, „ da fing die Fährfrau an zu weinen und Lucan legte seinen Arm um sie, „es ist so, dass ich auf dem Fluss bleiben muss, und ich weiß, dass es dir bestimmt ist, hier auf diesem Land deinen Weg weiterzugehen." „ Warum denn? Ich möchte gern mit dir weiterziehen", antwortete Lucan. „ Es geht nicht, Lucan" , erwiderte die Fährfrau, worauf sie aufstand und sich von Lucan löste. Lucan spürte, dass es so war, wie die Fährfrau sagte. Trotzdem wollte er es nicht wahrhaben. Er konnte nichts sagen, ein Kloß saß ihm im Hals.

Vielleicht hätte er eine Wendung herbeiführen können, doch verschlug es ihm die Sprache und er konnte nur noch schweigen. Er schaute in das Feuer. Gegenüber saß seine Fährfrau...

Die Fährfrau wollte neben ihm liegen, was Lucan freilich gerne zuließ, wenngleich es ein zwiespältiges Gefühl in Ihm aufkommen ließ. Sie gab ihm einen Kuss, legte sich neben ihn aber wandte sich trotzdem ab. Ganz bange schmiegte er sich an sie. Was erlebte er nur?

Lucan schlief lange nach der Fährfrau ein. Er wollte es gar nicht, doch irgendwann in der Frühe überkam auch ihn der Schlaf.

Schon früh am Morgen erwachte Lucan wieder, aber neben ihm lag keine Fährfrau mehr! Wirklich? Nein, sie war nicht mehr da. Sie war weg, verschwunden! Lucan schrie und schluchzte. Er sank in den Sand und wurde zu einem Häuflein Elend. Seine Tränen waren wie der Fluss, an dessen Ufer er saß.

Nach einiger Zeit nahm Lucan wieder all seine Kräfte zusammen und versuchte aufzustehen. Er kam sich wie ein neugeborenes Kalb vor! Zwar stand er, doch war er noch sehr unsicher und wackelig auf seinen zwei Beinen.

Lucan taumelte blindlings am Strand entlang. Er wusste nicht wohin er überhaupt ging. Einfach nur laufen wollte er auf der vergeblichen Suche nach etwas, das ihm noch vor kurzem so nahe war. Nähe war es, die jetzt unauffindbar war, anscheinend unwiederbringlich verloren.

So lief er und lief, gleichgültig ob er hinfiel, über einen Stein stolperte oder sich seine Hände und Knie blutig schlug. Lucan lief ins Nichts, wo all seine Gedanken, alles was er wahrnahm, nicht mehr fassbar war, in ihm zusammenschmolzen: Seine Träume, sein Laufen, seine Gedanken, der Fluss, das Ufer und die Liebe zu der Fährfrau.

Er war hier und doch nicht mehr. Er sank auf den Boden und musste unendlich lange und bitterlich weinen. Lucan fragte sich nichts mehr, es war kein Schmerz mehr vorhanden und er wusste auch, dass die grünen Erdwesen ihm jetzt nicht mehr helfen konnten. Es war vorbei mit ihm! Was sollte jetzt noch sein?

In diesem Moment spürte er die Luft um sich herum, wie sie anfing zu schwingen. Wie Wellen, die zu ihm brandeten. Immer stärker, und als er aufblickte, sah er einen großen Vogel aus einem roten Gefilde am Himmel auf sich zukommen, immer näher und näher.

Er starrte auf den Vogel, wie er sich auf ihn zu bewegte. Was würde nun geschehen? Nein, an das konnte er nicht denken. Erschrocken und gespannt, wie gebannt saß er da, außerstande irgendetwas zu tun. Da war der Vogel schon bei ihm, packte ihn mit ungeheuerlicher Kraft und zog ihn mit sich in die Luft. Sie flogen in das Rot des Himmels, in die Unendlichkeit, in die Gegend, wo die Menschen normalerweise erst nach ihrem Erdenleben reisen. Dabei sah Lucan ungewollt in die Tiefe.

Lucan wachte auf und bemerkte, dass er sich in einer Kuhle inmitten hohen Grases nahe einem Felsen befand, geschützt von weiteren Felsbrocken. Er fühlte sich wohl, doch wusste er nicht wohin es ihn verschlagen hatte. Nur langsam dämmerte ihm, dass er, vielleicht nur kurz, an jenem Ort gewesen sein musste. Wo er hergekommen war, noch bevor er auf diese Welt kam.

Die Wanderung

Lucan wusste nicht, wo er sich befand. Nie zuvor war er in dieser Gegend gewesen. Eine weite Ebene breitete sich vor seinen Augen aus, doch den Fluss, an dem er noch vor kurzem geweilt hatte, konnte er nicht erblicken. Auch kein Rauschen des Wassers war mehr zu hören. Vielmehr erstreckte sich diese Ebene soweit er sehen konnte, in eine nimmer enden wollende Grassteppe, aus der ab und zu ein Baum herausragte und sich vom flachen Land abhob.

Lucan beschloss weiterzuziehen, wer weiß, vielleicht war er ja schon ganz in der Nähe der Blütenkönigin wenngleich um ihn herum der Blumen wenig waren.

Nähren konnte er sich nur von den Wurzeln der Gräser und zu trinken blieb ihm nur das Wasser in seinem Lederbeutel, den er noch am Abend, bevor ihn die Fährfrau verließ, füllte.

Nur in den Morgenstunden und am späten Nachmittag ging er weiter, denn die Hitze des Mittags ließ es nicht zu weiter zu wandern, so unerbittlich heiß brannte die Sonne auf das Land.

Gegen Abend des zweiten Tages nahm er in weiter Ferne eine auffallend große Baumgruppe wahr, von der jedoch nur die Kronenwipfel zu sehen waren. Er hatte kein Ziel in dieser Landschaft, so dass er beschloss in diese Richtung weiterzuziehen. Diese Baumgruppe war etwas besonderes in dieser Ebene, besser gesagt musste es ein Plateau sein, denn nirgends konnte er ein Tal mit einem Fluss oder Bach finden.

Gegen Abend, kurz vor Sonnenuntergang, erreichte er diese Bäume und was er sah, erfreute ihn. Jedoch war er überrascht so etwas zu erblicken, nach dieser weiten Ebene. Als er kurz vor den Wipfeln der Bäume ankam, fiel das Land steil ab, in eine Art Trichter, von gut tausend Meter Durchmesser. Die Steilhänge waren bewachsen mit Bäumen und in der Tiefe, wohl am tiefsten Punkt, verdichteten sich die Bäume zu einem Wald, der undurchdringlich schien.

Lucan beschloss erst einmal sein Lager hier am Rand des Kraters aufzuschlagen und am nächsten Tag eine Möglichkeit zu erkunden einen Weg hinab zu finden. Womöglich gab es dort unten eine Quelle, die ihn tränken konnte. Schließlich reichten die Wasservorräte, die Lucan bei sich führte, kaum noch länger als weitere zwei Tage. Unter der Krone eines großen Baumes, die über den

Rand des Kraters ragte, legte er sich hin und fiel sogleich in einen tiefen Schlaf.

In der Nacht hatte Lucan Alpträume, in denen er sich in einer großen Wüste ohne Wasserstelle befand. Nur am Horizont konnte er einen Streifen grünen Landes erkennen, welches jedoch in solcher Entfernung zu liegen schien, dass es unmöglich zu erreichen war bevor seine Wasservorräte zur Neige gingen.

Lucan wachte durchnässt auf und mit trockener Kehle rang er nach Luft, bis er schlaftrunken eine grüne Gestalt vor sich sitzen sah, ein Erdenwesen, das zu ihm sprach: „ Lucan, du weißt, wer ich bin. Du brauchst dich nicht zu ängstigen! Noch heute Nacht werde ich dir einen Weg hinab in die Tiefe zeigen. Du musst dich nur vor Sonnenaufgang aufmachen, dann brauchst du keine Sorge haben! „, worauf es auch schon wieder verschwunden war.

Und wie immer, wenn ihm diese Erdenwesen begegneten, fragte sich Lucan ob es wohl wirklich war, oder ob er gerade noch träumte. Lucan rieb sich die Augen. Dieses Erdenwesen war weg, nicht aber dessen Worte. Vor Sonnenaufgang sollte er sich auf den Weg machen! So nahm sich Lucan vor wach zu bleiben und noch vor einsetzender Dämmerung loszugehen.

Der Hüter des Klangs

Endlos schien die Zeit, die Lucan mit halboffenen Augen an seiner Liegestätte unter dem großen Baum verbrachte, und manchmal schien er in den Schlaf zu fallen.

Jäh schreckte er dann hoch, in der Vorstellung den Aufbruch verpasst zu haben. Schließlich machte er sich auf an den Rand des Kraters in der Hoffnung einen Weg hinunter zu finden. Dann sah er in einiger Entfernung ein kleines grünes Licht, das er sogleich als Zeichen des Erdmanns erkannte.

Diesem Licht folgte er, und gleichwohl er immer weiter ging, ward das Licht immerzu in gleicher Entfernung zu ihm. Erst nach einiger Zeit bemerkte er, dass er schon weit nach unten gekommen war.

Es war hell geworden und es wurde ihm gewahr, dass er sich ungefähr in der Höhenmitte des Kraters befand.

Plötzlich verschwand das grüne Licht, was ihn beunruhigte. Hatten ihn die Erdmänner verlassen?

Ganz unten angekommen, wo der Krater am tiefsten und dunkelsten war, sah er jedoch verschiedene Gestalten umher huschen, in der Mitte einen imposanten Mann, der auf dem Boden kniete. Dabei vernahm Lucan die wunderlichsten und bezauberndsten Klänge, schöner als er sie je im Traum gehört hatte. Immer mehr war der Krater erfüllt von den Klängen und der Musik, die sich vom Grunde des Kraters in die Höhe begab. Er ging weiter gebannt den Krater hinab. Vergessen war das wegweisende grüne Licht.

Es war nicht mehr weit, vielleicht noch 30 Höhenmeter, als er sah, was sich dort ereignete. Er bemerkte einen Mann, dem vielerlei Gegenstände herbeigebracht wurden, die er dann mit verschiedenen Streich und Klopfgeräten bearbeitete. Dazu erhob er seine Stimme, die sich gewaltig und sanft zugleich in die Umgebung ergoss.

Ihm schwanden die Sinne beim Hören und Erblicken dieses Ineinanderfließens, welches harmonisch und geheimnisvoll seine Sinne berührte.

Wie gebannt schaute er darauf und empfand eine wohltuende Wärme, die sich in einem tiefen Indigoblau in seiner Seele ausbreitete.

So gefärbt kam er am Grund des Kraters an und befand sich bei dem Mann, der all dies mit seiner Stimme und seinen Instrumenten bewirkt hatte, gegenüber. Lucan war begeistert vom Wirken und Tun dieses Mannes, der ihm wie die Farben der Musik erschien.

Jedes Mal als dieser sich bewegte, ging ein Schweif bunter Farbe, gleich einem Wind, durch die Luft.

Lucan war tief zufrieden und wäre wohl für alle Zeiten dort so gesessen, wenn nicht dieser Mann zu ihm gekommen wäre und ihn aufgefordert hätte mit ihm zu singen.

Aber was geschah nun, als er zusammen mit dem Mann sang?

Er sah in sich, in seinen Armen und Beinen die Farben der Musik, bis er schließlich eins war mit dem Ton, dem Klang und den Farben. Nichts mehr trennte ihn von diesem Einklang.

Schließlich fand er sich auf einer Wiese eines kleinen Tales im Morgentau wieder, neben einem kleinen Bach am Fuße eines Berges.

Die Mutter, das Kind und die Quelle

Endlich konnte er trinken, so viel er wollte, bis es ihn nicht mehr dürstete. Erleichtert und erschöpft zugleich trat er vom Bachufer zurück, setzte sich, ließ das Wasser an sich vorüber fließen und dachte wieder an Fatima...

Er war in einer wunderbaren Welt, wie er es nach dem Tor der Welten erfahren hatte in der Blütenwelt, und doch war kein Firmament zu sehen. In welche Welt war er wohl geraten?

Lucan hatte vor weiterzuziehen, hinauf auf den Berg, um zu schauen, wo er denn war. Er ging ganz leicht. Er war neugierig zu sehen welch Blick sich ihm von dort oben bot. Durch üppiges Grün ging es den Berg hinauf. Saftig grün war der Wald und frisch die Luft. Er lief und lief. Plötzlich stand er vor einem See. Er konnte ihn zuerst nicht erkennen, denn sein Wasser schien schwarz zu sein. Als er sich dem See bis auf Schrittbreite genähert hatte sah er jedoch ganz klares Wasser.

Wie aus dem Nichts war dieser See aufgetaucht, die Farben des Waldes spiegelnd. Er lief um den See herum bis Felsen ihn am Weitergehen hinderten. Was wohl hinter den Felsen war? Er kletterte über sie hinweg und sah eine halboffene Grotte vor sich. Darin saß eine Frau mit einem Kind und es schien ihm als sei dort eine Quelle, die der Ursprung des Sees und Baches war.

Er wollte weiter auf sie zugehen. Gebannt schaute er zu der Frau und der Quelle. Er konnte nicht anders, er musste dort hin und niemand hinderte ihn daran. Das Kind kam auf ihn zugelaufen, nahm ihn an der Hand und führte ihn zu seiner Mutter.

Diese freute sich sehr und begrüßte ihn herzlich:" Es ist gut, dass DU zu uns gefunden hast, trinke an meiner Brust und du wirst glücklich deinen Durst löschen." Das tat Lucan tranceartig, den Aufruf befolgend.

Doch er trank keine Milch, sondern quellfrisches, klares Wasser aus der Brust dieser Frau und Mutter. Es war so gut und köstlich, dass er sich sogleich erholt fühlte. Er wollte noch fragen, wie denn dies möglich sei…

Im Moment noch mit Blütenduft erfüllte Lüfte, jetzt dunkle Gänge? Gerade eben noch hatte er das Wasser des Lebens getrunken, wie er meinte und jetzt watete er in schlammigem Untergrund durch einen Höhlengang, in dem er niemals zuvor gewesen war.

Keine Brust, keine Frau, kein Kind und kein Mann mit bunten Farben. Dunkle und schwermütige Gedanken machten sich in Lucan breit. Lucan tastete sich langsam voran, und es schien ihm nicht so recht vorwärts zu gehen. Doch er kämpfte weiter, obwohl er nicht recht wusste wozu. Doch aus diesem Höhlengang wollte er unbedingt heraus. Da war doch das Bild in ihm: sonnendurchflutete Landschaften. Aber hier war es dunkel und Lucan fühlte sich müde.

Endlich sah er einen grünen Lichtschimmer. Die Erdwesen hatten ihn nicht vergessen! Doch es war kein Licht. Es waren Pflanzen, die er im Licht sah. Der Ausgang war nicht mehr weit, Lucan wurde unruhig. Hastig strebte er dem Höhlenausgang entgegen. Es war nicht mehr weit.

Die Grotte im Eis der Farben

Er kam in ein sehr großes Höhlengebäude mit grünlich scheinenden Eispflanzen. Pflanzen, die von Eis überzogen waren, und trotzdem grün waren. Lebendiges Eis? Doch das war nicht alles. Er ging weiter. Die Eislandschaft verwandelte sich in bläuliches Licht gleich einem Himmel, dann wieder in Tiergestalten mit verschiedensten Farben: braun, grün, lila, orange, gelb und rot.

Darauf sah er die Sonne. Er wollte seinen Augen nicht trauen. War das der Ausgang? Nein, ein Licht erschien ihm hell und klar und er konnte das Eis nicht mehr erkennen. Es war weder warm noch kalt. Es war einfach da, es umhüllte ihn und spülte ihn noch weiter in die Höhle hinein bis er sich auf einer Wiese mit vielen Blumen befand.

Sie begrüßten ihn, sangen ein Lied, wie froh sie seien, dass er endlich wiedergekommen war. Die Blumen fragten ihn woher er komme und was alles geschehen sei. Lucan erzählte ihnen von seiner Reise. Jedoch dachte er unweigerlich an Fatima und frug die Blumen:" Sagt an, bin ich jetzt im Land, in dem Fatima, die Tochter der Blütenkönigin wohnt"? Alle Blüten neigten ihre Blütenköpfe und Lucan wusste nun wo er war.

Wiederkehr in das Blütenland

Lucan war sich jetzt ganz gewiss, wo er war und lief munter weiter, ganz sicher seinen Weg zu finden…

Ach wie herrlich sich in diesem Lande zu befinden! Wie weit es wohl noch wäre bis zur Tochter der Blütenkönigin und war sie die Königin inzwischen selbst?

Wohl gar nicht auszudenken gewesen, wenn sie verschwunden wäre. Lucan lief weiter durch weite Hügellandschaften, Berg auf und Berg ab, bis er in nicht allzu weiter Ferne eine kleine, aber schöne Hütte entdeckte.

Als er näher kam, sah er eine alte Frau davor sitzen, den Sonnenuntergang genießend.

Er näherte sich und grüßte die alte Frau, die darauf antwortete:" Lucan endlich bist du hier! So lange habe ich auf dich gewartet, aber ich wusste, dass du kommst. Ich bin sehr froh." Lucan stand vor ihr, sie nahm seinen Arm und zog ihn zu sich, um ihn zu umarmen.

Zuerst erschrak Lucan ein wenig und im selben Moment wusste er, dass es die gleiche alte Frau war, die ihm damals den leinenen Beutel mit der besonderen Erde gegeben hatte, mit deren Brei er seiner Mutter ihre Sehkraft zurück gegeben hatte.

Lucan musste weinen und fand schluchzend seine Worte:" Ich bin auch froh hier zu sein." Lange Zeit umarmten sie sich herzlich.

Daraufhin bat die alte Frau Lucan sich zu setzen:" Ich habe eine feine Suppe mit vielen Kräutern und Blüten gekocht." Lucan setzte sich an den Tisch und schlürfte die Suppe begierig in sich hinein. Ja das war richtig fein. Als er fertig war und nach der alten Frau schaute, saß sie neben ihm und zeigte nur nach draußen:" Schau wer da kommt!" Es war Nacht und doch erkannte er die Umrisse einer Gestalt, die immer näher kam. Es war ein alter Mann, ja es war der, der ihn einst ins Blütenland geleitet hatte. Der alte weise Mann. Lucan konnte nicht anders und stürzte auf ihn zu, fast hätte er ihn zu Boden geworfen." Ich freu mich so sehr!", sagten sie beide beinahe im Einklang. Nach inniger Umarmung fragte Lucan jedoch: „ Aber wo ist Fatima?"

Der Alte ließ sich zu Boden und bedeutete auch Lucan dies zu tun. „ Erzähle mir von Deiner Reise. Fatima wirst du wiedersehen, wenngleich sich einiges ereignet hat....".

Lucan setzte sich und erzählte dem alten Mann und der alten Frau all seine Erlebnisse, seit er sich aufgemacht hatte, das Land der Blütenkönigin ein zweites Mal zu finden…

Es ist soweit

Lucan schlief tief und fest. Als er aufwachte traute er seinen Augen nicht. Fatima saß an seiner Seite und hielt seine Hand. „ Fatima!" „ Ja Lucan, ich freue mich Dich wiederzusehen, ich habe alles gehört, was Du erlebt hast. Komm ich möchte mit dir nach draußen gehen!"

Lucan ließ sich das nicht zweimal sagen. Überrascht sah er vom Hügel hinab: eine lange Prozession von Menschen, die den Hügel des Löwenzahnfeldes emporkamen. Es kamen sogar die Wächter des Sumpfes und des dunklen Waldes aus dem Lande seiner Eltern, die grünen Männer und der Hüter der Klänge. Was sollte dies alles bedeuten?

Der alte Mann und die alte Frau kamen von der Seite hinzu und erklärten: „ All diese Menschen und Wesen haben euch begleitet und wollen euch nun zu Eurer Hochzeit gratulieren."

Fatima und Lucan wussten nicht, wie ihnen geschah, umarmten und küssten sich innig.

Als alle auf dem Hügel versammelt waren, schien die Sonne und ließ all die Löwenzahnblüten und andere Blumen lachen. Niemand wusste eine Rede zu halten, als der alte Mann und die alte Frau einen fein geschmückten schwarzen Hengst und eine weiße Stute mit Blumenverziertem Schwanz und Mähne herbeiführten.

Der alte Mann sprach:" Dies ist das Geschenk für euch für die Welt in die Ihr kommen werdet und in der Ihr die Dunkelheit und die Blütenfreude vereinen werdet!" Die alte Frau fügte hinzu:" Dies ist euer Gefährt und eurer Begleiter in die zukünftige Welt, die Andere!"

Fatima und Lucan stiegen auf die Pferde, Lucan auf den Hengst und Fatima auf die Stute. Sie schauten sich um, grüßten und galoppierten davon.

Schnell waren die Pferde weit entfernt und es schien, dass sie in den Himmel aufstiegen und entglitten in Lüfte, die nicht mehr erkennbar waren all denen, die in Freude und Zufriedenheit von ihnen Abschied nahmen.

Epilog

ICH TRÄUME:

...An jenem Tag saß Fatima wieder einmal auf ihrem Lieblingshügel und schaute in die Ferne, wie sie es oft tat, wenn sie nicht gerade auf ihrer Harfe spielte. Doch an diesem Tag hörte man nur die Lieder einiger Vögel. Nach geraumer Zeit vernahm Fatima ein merkwürdiges Geräusch in großer Entfernung, welches sich ziemlich schnell in einen seltsamen aber irgendwie schönen Gesang verwandelte...Fatima nahm ihre Harfe, begleitete diesen Gesang und spielte dazu noch einige Melodien ineinander, die mit dem Gesang verschmolzen...

Lucan saß in der Menge von Besuchern, die alle darauf warteten, dass die Musikgruppe, sie war von weit hergereist, zu spielen anfing. Und endlich kamen die Musiker auf die Bühne und musizierten auf wunderbare Weise- sie wurden richtiggehend gefeiert. Nach einigen Stücken dann, bedankte sich ein Musiker beim Publikum bis er am Schluss folgendes sagte:...ganz besonders freuen wir uns heute Abend den Sänger Lucan hier auf die Bühne bitten zu dürfen...Die Menge war begeistert und sie trieben Lucan geradezu auf die Bühne, denn Lucan ging nur sehr zögerlich, war ihm bei dieser Aufforderung doch ganz anders geworden. Ziemlich benommen kam Lucan auf der Bühne an und setzte sich etwas unsicher zwischen die anderen Musiker. Sie musizierten schon eine Weile, Lucan zögerte noch; dann begann er zu singen...

In diesem Moment befand sich Lucan plötzlich mit zwei Freunden in einem Auto auf der Fahrt durch einen Wald. Sie fuhren auf einer Hochebene, die Landschaft war nun offener geworden, von Wiesen belegt. Da sagte Unscha, einer seiner Freunde: „Lucan dort sieh nur, das Tor! " Lucan sah es schon, das Tor aus großen Steinen; und nun blickte er hindurch- inzwischen hatten sie angehalten- was er sah, war eine wunderschöne Welt, deren Farben so stark waren, wie er es noch nie gesehen hatte; es war eine andere Welt. Lucan lief auf das Tor zu, blieb kurz davor stehen und ging hindurch. Als er das Tor durchschritten hatte, vernahm er eine wunderschöne Melodie, welcher er folgte bis er an den Fuß eines Hügels kam, voll von blühendem Löwenzahn. Er stieg den Hügel empor, auf dessen höchstem Punkt saß eine Frau, die auf ihrer Harfe spielte, diese Melodie, der er gefolgt war. Noch eine Weile hörte er ihrem Harfenspiel zu, bis er schließlich in ihr Spiel mit einstimmte. Fatima sah kurz erschrocken auf, hatte sie doch niemanden kommen hören; schnell aber nahm sie ihr Spiel wieder auf. So saßen dann Lucan und Fatima bis tief in die Nacht auf dem Hügel, machten Musik und fanden so eine tiefe Zuneigung zueinander. Schließlich hörten sie erschöpft und zufrieden auf. Erst jetzt sprachen sie miteinander, aber schon bald fielen die ersten Regentropfen und Windböen eines herannahenden Gewitters fegten über den Hügel hinweg. Fatima und Lucan eilten in einen nahegelegenen Unterstand für Pferde. Dann wurde es ganz hell, ein Blitz schlug ein und ein mächtiger Donner war zu hören...

Das Lied war schon lange zu Ende, die Musiker von der Bühne verschwunden, nur Lucan saß unbeweglich dort und niemand wusste Kontakt mit ihm aufzunehmen. Lucan fing zu schwitzen an; schweißgebadet saß er da, seine Augen leuchteten bis er völlig unerwartet einen wahnsinnigen Schrei von sich gab...Lucan schüttelte sich, schaute die noch verbliebenen Leute um sich herum an und bat um eine Decke, es fröstelte ihn. Viele Fragen stürzten auf Lucan ein, die er nicht zu beantworten wusste. Wo er denn gewesen war und ähnliche Fragen. Schließlich erzählte er von seiner Fahrt, dem Tor, dem Hügel, der Musik, der Frau und dem Gewitter...Nach einiger Zeit sagte Lucan: „Ich möchte das Tor suchen gehen".

Noch in derselben Nacht brach Lucan auf; er wollte diese Welt finden, in der er noch vor einigen Stunden gewesen war, im Traum?

In der Nacht konnte er nicht viel um sich herum erkennen- er lief die ganze Zeit durch einen Wald bis es Morgen wurde und die Sonne aufging. Endlich kam er auch an das Ende des Waldes, was er hernach sah, war ein Plateau, wie er es gesehen hatte. Zur Mittagszeit sah er großes Steintor, davor lag ein verrostetes Auto, dem noch anzusehen war, dass es vor langer Zeit einmal ausgebrannt war. Lucan ging durch das Tor hindurch, er wanderte den ganzen Tag. Des Abends schließlich kam er an einen Hügel- der genauso aussah, wie der, den Lucan schon kannte. Er stieg den Hügel hinauf. In der Abendsonne sah er dort eine Frau unter einer kleinen Trauerweide sitzen. Sie sah Fatima nicht unähnlich, nur war sie ein wenig älter als diese. Als er vor ihr stand und sie grüßte, fragte er sie: „Sag, kennst du jemanden der

Lucan heißt? " Die Frau sah ihn erstaunt an, einige Tränen flossen ihr die Wangen herunter- sie erzählte:

„Es ist schon ein paar Jahre her, da kam eines Tages jemand hier auf den Hügel und setzte sich neben mich; ich spielte Harfe und er sang auf eine merkwürdige und schöne Weise dazu. Schließlich brach ein Gewitter über uns herein, so dass wir in einem nahegelegenen Unterstand Schutz suchten. Plötzlich schlug ein Blitz vor uns ein, ein mächtiger Donner grollte dazu und alles war in gleißendem Licht. Als es wieder dunkel wurde, war jener Lucan nicht mehr hier. Er war verschwunden und ich habe ihn nie mehr wieder gesehen."

Bei diesen Worten wurde Lucan gewahr, dass Fatima vor ihm saß. Da wollte er sich zu erkennen geben und sprach:

„Fatima, ich bin Lucan!"

„Woher kennst du meinen Namen", erwiderte Fatima "wie kannst du Lucan sein, du müsstest doch älter sein!"

Da stimmte Lucan jenes Lied an, welches er mit Fatima ehemals zusammen gesungen hatte. Doch schon nach den ersten Tönen wurde es nun auch Fatima gewahr, dass es Lucan war, der vor ihr stand. Vor Freude sprang sie auf und umarmte ihn. Sie begrüßten sich herzlich. Bald danach gingen sie gemeinsam den Hügel hinab und noch in derselben Nacht durchschritten sie zusammen das Tor, das Tor der Welten...Wo die beiden heute sind, weiß seither niemand mehr zu sagen...

Gedicht zum Schluss

Erinnere Dich

An Deinen Traum

Folge ihm

Getragen von Pferden

Mit weißer Mähne

Findest Du

Deine Liebe

In jenem Rosengarten

Wo Du

Flüsse roten Weines

Trinken kannst

Johannes F. Künzler

Johannes Friedrich Künzler, Jahrgang 1966, beschäftigt sich als Diplom- Pädagoge, Musiker, Maler und Schriftsteller seit mehr als dreißig Jahren mit Obertonmusik, Naturritualen, Symbolen und Träumen. Seit 1997 gab er mehr als 500 Konzerte in Deutschland, Schweiz, Österreich, Italien und Burkina Faso. Des weiteren zahlreiche Seminare und Kurse zum Thema Klang und Körpergefühl/Vokaltongesang sowie Voträge und Beratungen zum Thema Träume. Anderwelt ist nun daraus entstanden. Ein weiterer Band ist in Planung.

Raum für Träume....

Raum für Träume....

Raum für Träume....

Raum für Träume....

Raum für Träume....

FSC
www.fsc.org
MIX
Papier | Fördert
gute Waldnutzung
FSC® C083411

Zeitfracht Medien GmbH
Ferdinand-Jühlke-Straße 7
99095 Erfurt, Deutschland
produktsicherheit@kolibri360.de